Illustration du Tûti-nama de Nakhshabî, Inde, vers 1580-1585.

Présentation : l'œuvre et son contexte

Le contexte de traduction

En 1670, le manuscrit des *Mille et Une Nuits* tombe entre les mains d'Antoine Galland, secrétaire de l'ambassadeur de France à Constantinople. Séduit par ces récits étranges et étonnants, il les recopie dans son journal. Mais avant de les rapporter à la cour de Louis XIV, il en étoffe le contenu. C'est ainsi que, sans changer la moindre histoire, ni la moindre péripétie, il traduit le texte en français, enrichit les descriptions, donne corps aux personnages, et tisse les cent soixante-huit contes des *Mille et Une Nuits*, tels que nous pouvons les lire aujourd'hui.

Contexte historique

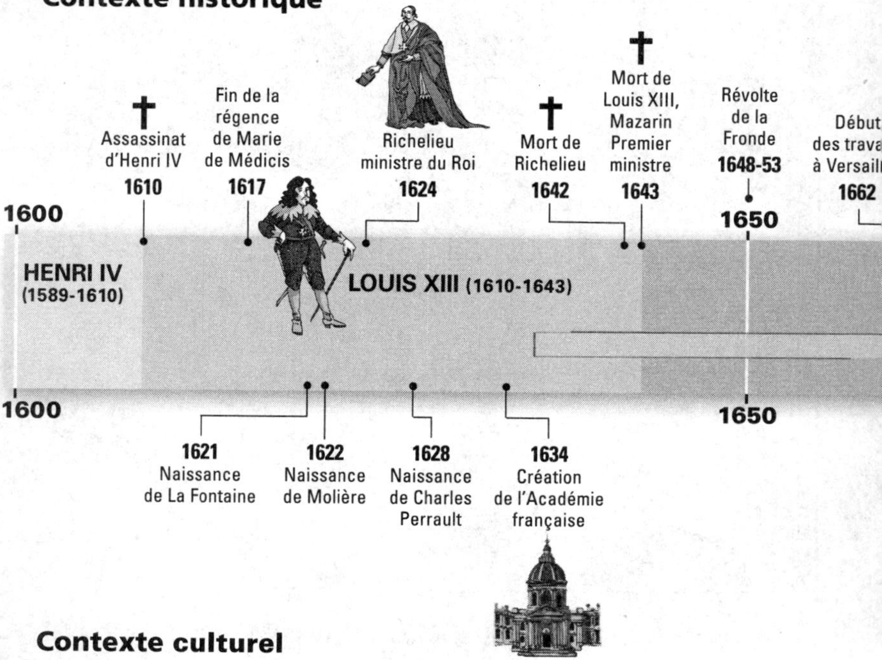

Contexte culturel

Sommaire

Présentation : l'œuvre et son contexte

Les origines des *Mille et Une Nuits*

Il était une fois, bien avant l'an mille, mille contes parlant de magie et de métamorphoses, que les voyageurs indiens transmirent aux marchands persans. Ces marchands eux-mêmes, au gré des longues caravanes, les racontèrent aux habitants de Bagdad. Là, pour ne rien oublier de ces récits, auxquels s'étaient ajoutés en chemin des génies, des califes et la belle Shéhérazade, on les transcrivit en arabe sur de lourds parchemins, et on nomma mystérieusement le livre : *Les Mille et Une Nuits*. Voilà, en peu de mots, comment naît cette œuvre.

En arabe, « mille et une nuits » est une expression que l'on pourrait traduire par « toutes les nuits, plus une ». Ne nous imaginons pas cependant que le livre se perd dans l'infini des légendes : Shéhérazade, l'héroïne du premier conte, qui englobe tous les autres, veille. C'est elle qui raconte et c'est elle qui maîtrise le récit, car la réussite de son projet en dépend.

La fille du grand Vizir a en effet convaincu son père de la laisser épouser le sultan Schahriar pour pouvoir sauver les jeunes filles du royaume, promises à une mort certaine. Schahriar il est vrai, pour se venger de la trahison de la sultane, prend chaque nuit une nouvelle épouse et la fait exécuter au matin. Afin de rester en vie, Shéhérazade va donc user de son talent de conteuse pour tenir le sultan en haleine, s'arrêtant chaque fois que l'aube paraît, et reprenant la nuit suivante.

Les contes

De nuit en nuit, Shéhérazade raconte d'innombrables petits contes, qui font entrer le sultan Schahriar dans un univers merveilleux. En distrayant le souverain, elle obtient non seulement sa grâce, ainsi que celle de toutes les jeunes filles du royaume, mais elle porte également le conte à son usage le plus noble, car elle enseigne la clémence au monarque.

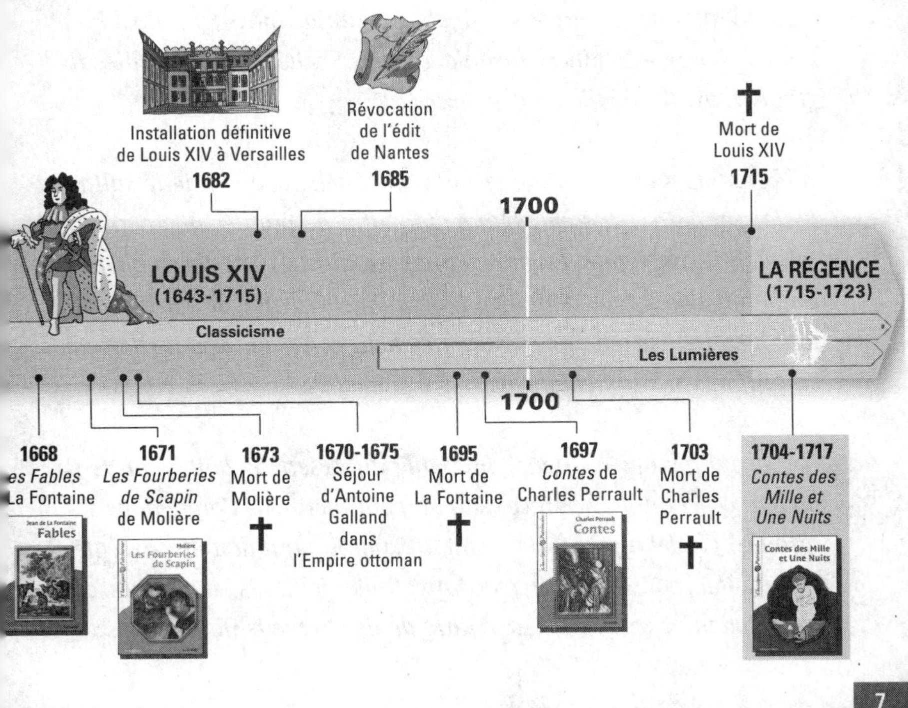

Contes des Mille et Une Nuits

Les chroniques des Sassaniens racontent qu'un ancien roi de Perse eut deux fils, Schahriar et Schahzenan. Schahriar devint sultan du royaume, alors que Schahzenan régna sur Samarcande. Tous deux découvrirent qu'ils étaient trompés par leur épouse adorée. En guise de punition, Schahzenan trancha le cou de la sienne. Quant à Schahriar, non seulement il fit étrangler la sultane, mais il décapita également lui-même l'ensemble de ses suivantes, puis il décida d'épouser une femme chaque nuit, et, afin de prévenir son infidélité, de la faire étrangler le lendemain.

Au grand désespoir de ses sujets, Schahriar massacra ainsi bon nombre de jeunes filles, jusqu'à ce que Shéhérazade, la fille du grand vizir, le supplie de l'épouser.

Une fois dans la chambre nuptiale, Shéhérazade prie le sultan de laisser entrer sa sœur, Dinarzade, afin de profiter une dernière fois de sa compagnie. En suivant le plan qu'elles ont ensemble mis au point, Dinarzade demande alors à Shéhérazade de lui raconter une histoire, car elle en sait de très belles. Avec l'autorisation du sultan, la voici qui commence.

Un marchand a offensé un génie du désert. Il doit mourir. Il obtient cependant une grâce d'un an pour mettre de l'ordre dans ses affaires. Ce délai passé, il revient à l'endroit où il doit être exécuté. En attendant le génie, il rencontre trois vieillards, dont l'un est accompagné d'une biche, et l'autre de deux chiens noirs.

Le jour se lève, Shéhérazade interrompt son récit. Le sultan, curieux d'entendre la suite, lui laisse la vie.

Pour sauver le marchand, le premier vieillard propose au génie de racheter le tiers de son crime grâce à l'histoire étonnante qu'il va lui raconter. Le génie accepte…

Histoire du Premier Vieillard et de la Biche

Je vais donc, reprit le vieillard, commencer le récit ; écoutez-moi, je vous prie, avec attention. Cette biche que vous voyez est ma cousine et de plus ma femme. Elle n'avait que douze ans quand je l'épousai ; ainsi je puis dire qu'elle ne devait pas moins me regarder comme son père que comme son parent et son mari.

Nous avons vécu ensemble trente années sans avoir eu d'enfants ; mais sa stérilité[1] ne m'a point empêché d'avoir pour elle beaucoup de complaisance[2] et d'amitié. Le seul désir d'avoir des enfants me fit acheter une esclave, dont j'eus un fils qui promettait infiniment[3]. Ma femme en conçut de la jalousie, prit en aversion[4] la mère et l'enfant, et cacha si bien ses sentiments, que je ne les connus[5] que trop tard.

Cependant mon fils croissait[6], et il avait déjà dix ans, lorsque je fus obligé de faire un voyage. Avant mon départ, je recommandai à ma femme, dont je ne me défiais[7] point, l'esclave et son fils, et je la priai d'en avoir soin pendant mon absence, qui dura une année entière. Elle profita de ce temps-là pour contenter sa haine. Elle s'attacha[8] à la magie ; et quand elle sut assez de cet art

Vocabulaire

1. *Stérilité :* fait de ne pas pouvoir avoir d'enfants.
2. *Complaisance :* gentillesse.
3. *Qui promettait infiniment :* qui était promis à un bel avenir.
4. *Prit en aversion :* se mit à détester.
5. *Je ne les connus :* je ne m'en rendis compte.
6. *Croissait :* grandissait.
7. *Défiais :* méfiais.
8. *S'attacha :* s'intéressa.

diabolique pour exécuter l'horrible dessein[1] qu'elle méditait, la scélérate[2] mena mon fils dans un lieu écarté. Là, par ses enchantements, elle le changea en veau, et le donna à mon fermier, avec ordre de le nourrir comme un veau, disait-elle, qu'elle avait acheté. Elle ne borna[3] point sa fureur à cette action abominable ; elle changea l'esclave en vache, et la donna aussi à mon fermier.

À mon retour, je lui demandai des nouvelles de la mère et de l'enfant. Votre esclave est morte, me dit-elle ; et pour votre fils, il y a deux mois que je ne l'ai vu, et que je ne sais ce qu'il est devenu. Je fus touché de la mort de l'esclave ; mais comme mon fils n'avait fait que disparaître, je me flattais que je pourrais le revoir bientôt. Néanmoins huit mois se passèrent sans qu'il revînt, et je n'en avais aucune nouvelle, lorsque la fête du Grand Baïram arriva. Pour la célébrer, je mandai[4] à mon fermier de m'amener une des vache les plus grasses pour en faire un sacrifice. Il n'y manqua pas[5]. La vache qu'il m'amena était l'esclave elle-même, la malheureuse mère de mon fils. Je la liai[6] ; mais dans le moment que je me préparais à la sacrifier, elle se mit à faire des beuglements pitoyables, et je m'aperçus qu'il coulait de ses yeux des ruisseaux de larmes. Cela me parut assez extraordinaire et me sentant, malgré moi, saisi d'un mouvement de pitié, je ne pus me résoudre à la frapper. J'ordonnai à mon fermier de m'en aller prendre une autre.

Vocabulaire

1. *Dessein :* projet.
2. *Scélérate :* criminelle.
3. *Borna :* limita.
4. *Mandai :* demandai.
5. *Il n'y manqua pas :* il satisfit ma demande.
6. *Liai :* attachai.

Ma femme, qui était présente, frémit de ma compassion[1], et s'opposant à un ordre qui rendait sa malice[2] inutile : « Que faites-vous, mon ami ? s'écria-t-elle. Immolez[3] cette vache. Votre fermier n'en a pas de plus belle, ni qui soit plus propre à[4] l'usage que nous en voulons faire. » Par complaisance pour ma femme, je m'approchai de la vache ; et combattant la pitié qui en suspendait le sacrifice, j'allais porter le coup mortel, quand la victime, redoublant ses pleurs et ses meuglements, me désarma une seconde fois. Alors je mis le maillet[5] entre les mains du fermier, en lui disant : « Prenez, et sacrifiez-la vous-même ; ses beuglements et ses larmes me fendent le cœur. »

Le fermier, moins pitoyable que moi, la sacrifia. Mais en l'écorchant[6], il se trouva qu'elle n'avait que les os, quoiqu'elle nous eût paru très grasse. J'en eus un véritable chagrin. « Prenez-la pour vous, dis-je au fermier, je vous l'abandonne ; faites-en des régals et des aumônes[7] à qui vous voudrez ; et si vous avez un veau bien gras, amenez-le-moi à sa place. » Je ne m'informai pas de ce qu'il fit de la vache ; mais peu de temps après qu'il l'eut fait enlever de devant mes yeux, je le vis arriver avec un veau fort gras. Quoique j'ignorasse que ce veau

Vocabulaire

1. *Frémit de ma compassion :* s'agita de colère lorsqu'elle vit ma pitié.
2. *Malice :* ici, méchanceté.
3. *Immolez :* sacrifiez.
4. *Qui soit plus propre à :* qui convienne mieux à.
5. *Maillet :* marteau servant à assommer l'animal.
6. *L'écorchant :* lui enlevant la peau.
7. *Des régals et des aumônes :* des cadeaux et des dons.

fût mon fils, je ne laissai pas de sentir émouvoir mes entrailles[1] à sa vue. De son côté, dès qu'il m'aperçut, il fit un si grand effort pour venir à moi, qu'il en rompit sa corde. Il se jeta à mes pieds, la tête contre terre, comme s'il eût voulu exciter ma compassion, et me conjurer[2] de n'avoir pas la cruauté de lui ôter la vie, en m'avertissant, autant qu'il lui était possible, qu'il était mon fils.

Je fus encore plus surpris et plus touché de cette action que je ne l'avais été des pleurs de la vache. Je sentis une tendre pitié qui m'intéressa pour lui ; ou, pour mieux dire, le sang fit en moi son devoir[3]. « Allez, dis-je au fermier, ramenez ce veau chez vous ; ayez-en grand soin, et à sa place amenez-en un autre incessamment[4]. »

Dès que ma femme m'entendit parler ainsi, elle ne manqua pas de s'écrier encore : « Que faites-vous, mon mari ? croyez-moi, ne sacrifiez pas un autre veau que celui-là. – Ma femme, lui répondis-je, je n'immolerai pas celui-ci ; je veux lui faire grâce[5], je vous prie de ne point vous y opposer. » Elle n'eut garde, la méchante femme, de se rendre[6] à ma prière ; elle haïssait trop mon fils pour consentir[7] que je le sauvasse. Elle m'en demanda le sacrifice avec tant d'opiniâtreté[8], que je fus

Vocabulaire

1. *Sentir émouvoir mes entrailles :* me sentir ému au plus profond de moi.
2. *Conjurer :* supplier.
3. *Le sang fit en moi son devoir :* mon sang de père me guida.
4. *Incessamment :* immédiatement.
5. *Lui faire grâce :* épargner sa vie.
6. *De se rendre :* d'obéir.
7. *Consentir :* accepter.
8. *D'opiniâtreté :* d'acharnement.

obligé de le lui accorder. Je liai le veau, et prenant le couteau funeste[1]...

Shéhérazade s'arrêta en cet endroit, parce qu'elle aperçut le jour. « Ma sœur, dit alors Dinarzade, je suis enchantée de ce conte qui soutient si agréablement mon attention[2]. Si le sultan me laisse encore vivre aujourd'hui, répondit Shéhérazade, vous verrez que ce que je vous raconterai demain vous divertira bien davantage. » Schahriar, curieux de savoir ce que deviendrait le fils du vieillard qui conduisait la biche, dit à la sultane qu'il serait bien aise d'entendre[3], la nuit prochaine, la fin de ce conte.

[...]

Sire, poursuivit Shéhérazade, le premier vieillard qui conduisait la biche, continua de raconter son histoire au génie, aux deux autres vieillards et au marchand : « Je pris donc, leur dit-il, le couteau, et j'allais l'enfoncer dans la gorge de mon fils, lorsque tournant vers moi languissamment[4] ses yeux baignés de pleurs, il m'attendrit à un point que je n'eus pas la force de l'immoler. Je laissai tomber le couteau, et je dis à ma femme que je voulais absolument tuer un autre veau que celui-là. Elle n'épargna rien pour me faire changer de

Vocabulaire

1. *Funeste :* mortel.
2. *Qui soutient si agréablement mon attention :* qui m'intéresse et me divertit.
3. *Qu'il serait bien aise d'entendre :* qu'il entendrait volontiers.
4. *Languissamment :* dans un état de tristesse extrême.

résolution[1] ; mais quoi qu'elle pût me représenter, je demeurai ferme[2], et lui promis, seulement pour l'apaiser, que je le sacrifierais au Baïram de l'année prochaine.

Le lendemain matin, mon fermier demanda à me parler en particulier. « Je viens, me dit-il, vous apprendre une nouvelle, dont j'espère que vous me saurez bon gré[3]. J'ai une fille qui a quelque connaissance de la magie. Hier, comme je ramenais au logis le veau dont vous n'aviez pas voulu faire le sacrifice, je remarquai qu'elle rit en le voyant et qu'un moment après elle se mit à pleurer. Je lui demandai pourquoi elle faisait en même temps deux choses si contraires : "Mon père, me répondit-elle, ce veau que vous ramenez est le fils de notre maître. J'ai ri de joie de le voir encore vivant, et j'ai pleuré en me souvenant du sacrifice qu'on fit hier de sa mère, qui était changée en vache. Ces deux métamorphoses ont été faites par les enchantements de la femme de notre maître, laquelle haïssait la mère et l'enfant." Voilà ce que m'a dit ma fille, poursuivit le fermier, et je viens vous apporter cette nouvelle. »

À ces paroles, ô génie, continua le vieillard, je vous laisse à juger quelle fut ma surprise ! Je partis sur-le-champ avec mon fermier, pour parler moi-même à sa fille. En arrivant, j'allai d'abord à l'étable où était mon fils. Il ne put répondre à mes

Vocabulaire

1. *Résolution :* décision.

2. *Je demeurai ferme :* je ne changeai pas d'avis.

3. *Que vous me saurez bon gré :* qu'elle vous donnera satisfaction.

embrassements[1] ; mais il les reçut d'une manière qui acheva de me persuader qu'il était mon fils.

La fille du fermier arriva : « Ma bonne fille, lui dis-je, pouvez-vous rendre à mon fils sa première forme ? – Oui, je le puis, me répondit-elle. – Ah ! si vous en venez à bout, repris-je, je vous fais maîtresse de tous mes biens[2]. » Alors elle me repartit[3] en souriant : « Vous êtes notre maître, et je sais trop bien ce que je vous dois ; mais je vous avertis que je ne puis remettre votre fils dans son premier état qu'à deux conditions : la première, que vous me le donnerez pour époux, et la seconde, qu'il me sera permis de punir la personne qui l'a changé en veau. – Pour la première condition, lui dis-je, je l'accepte de bon cœur ; je dis plus, je vous promets de vous donner beaucoup de bien pour vous en particulier, indépendamment de celui que je destine à mon fils. Enfin, vous verrez comment je reconnaîtrai[4] le grand service que j'attends de vous. Pour la condition qui regarde ma femme, je veux bien l'accepter encore. Une personne qui a été capable de faire une action si criminelle mérite bien d'en être punie ; je vous l'abandonne, faites-en ce qu'il vous plaira ; je vous prie seulement de ne lui pas ôter la vie. – Je vais donc, répliqua-t-elle, la traiter de la même manière qu'elle a traité votre fils. – J'y consens[5], lui repartis-je ; mais rendez-moi mon fils auparavant. »

Vocabulaire

1. *À mes embrassements :* lorsque je le serrai dans mes bras.
2. *Tous mes biens :* tout ce que je possède.
3. *Repartit :* répondit.
4. *Je reconnaîtrai le :* je serai reconnaissant du.
5. *J'y consens :* je suis d'accord.

Alors cette fille prit un vase plein d'eau, prononça dessus des paroles que je n'entendis pas, et s'adressant au veau : « Ô veau ! dit-elle, si tu as été créé par le Tout-Puissant et souverain maître du monde tel que tu parais[1] en ce moment, demeure sous cette forme ; mais si tu es un homme, et que tu sois changé en veau par enchantement, reprends ta figure[2] naturelle par la permission du souverain Créateur. » En achevant ces mots, elle jeta l'eau sur lui, et à l'instant il reprit sa première forme.

« Mon fils, mon cher fils ! m'écriai-je aussitôt en l'embrassant avec un transport[3] dont je ne fus pas le maître, c'est Dieu qui nous a envoyé cette jeune fille, pour détruire l'horrible charme dont vous étiez environné, et vous venger du mal qui vous a été fait, à vous et à votre mère. Je ne doute pas que par reconnaissance, vous ne vouliez bien la prendre pour votre femme, comme je m'y suis engagé. » Il y consentit avec joie ; mais avant qu'ils se mariassent, la jeune fille changea ma femme en biche, et c'est elle que vous voyez ici. Je souhaitai qu'elle eût cette forme, plutôt qu'une autre moins agréable, afin que nous la vissions sans répugnance[4] dans la famille. Depuis ce temps-là, mon fils est devenu veuf, et est allé voyager. Comme il y a plusieurs années que je n'ai pas eu de ses nouvelles, je me suis mis en chemin pour tâcher d'en

Vocabulaire

1. *Parais :* apparais.
2. *Ta figure :* ta forme.
3. *Transport :* émotion.
4. *Répugnance :* dégoût.

apprendre ; et n'ayant voulu confier à personne le soin de ma femme, pendant que je serais en quête de lui[1], j'ai jugé à propos[2] de la mener partout avec moi. Voilà donc mon histoire et celle de cette biche. N'est-elle pas des plus surprenantes et des plus merveilleuses ?

– J'en demeure d'accord, dit le génie ; et en sa faveur, je t'accorde le tiers de la grâce de ce marchand. »

Le second et le troisième vieillards, en racontant leur propre histoire, parviennent à racheter les deux autres tiers de la grâce du marchand.

Shéhérazade commence alors un autre récit.

Vocabulaire

1. *En quête de lui* : à sa recherche.

2. *J'ai jugé à propos* : il m'a semblé convenable.

Histoire du Petit Bossu

Il y avait autrefois à Casgar, aux extrémités de la Grande Tartarie, un tailleur qui avait une très belle femme qu'il aimait beaucoup et dont il était aimé de même. Un jour qu'il travaillait, un petit bossu vint s'asseoir à l'entrée de sa boutique et se mit à chanter en jouant du tambour de basque. Le tailleur prit plaisir à l'entendre et résolut de l'emmener dans sa maison pour réjouir sa femme ; il se dit à lui-même : « Avec ses chansons il nous divertira tous deux ce soir. » Il lui en fit la proposition, et, le bossu l'ayant acceptée, il ferma sa boutique et le mena chez lui.

Dès qu'ils y furent arrivés, la femme du tailleur, qui avait déjà mis le couvert, parce qu'il était temps de souper, servit un bon plat de poisson qu'elle avait préparé. Ils se mirent tous trois à table ; mais, en mangeant, le bossu avala, par malheur, une grosse arête ou un os, dont il mourut en peu de moments, sans que le tailleur et sa femme y pussent remédier[1]. Ils furent l'un et l'autre d'autant plus effrayés de cet accident, qu'il était arrivé chez eux, et qu'ils avaient à craindre que, si la justice venait à le savoir, on ne les punît comme des assassins. Le mari néanmoins trouva un expédient[2] pour se défaire du corps du mort ; il fit réflexion qu'il demeurait[3] dans le voisinage un médecin juif ; et là-dessus, ayant formé

Vocabulaire

1. *Y pussent remédier :* puissent le sauver.

2. *Expédient :* moyen.

3. *Demeurait :* vivait, habitait.

un projet[1], pour commencer à l'exécuter[2], sa femme et lui prirent le bossu, l'un par les pieds, l'autre par la tête, et le portèrent jusqu'au logis du médecin. Ils frappèrent à sa porte, où aboutissait un escalier très roide[3], par où l'on montait à sa chambre. Une servante descend aussitôt, même sans lumière, ouvre, et demande ce qu'ils souhaitent. « Remontez, s'il vous plaît, répondit le tailleur, et dites à votre maître que nous lui amenons un homme bien malade, pour qu'il lui ordonne quelque remède. Tenez, ajouta-t-il, en lui mettant en main une pièce d'argent, donnez-lui cela par avance, afin qu'il soit persuadé que nous n'avons pas dessein[4] de lui faire perdre sa peine[5]. » Pendant que la servante remonta pour faire part au médecin juif d'une si bonne nouvelle, le tailleur et sa femme portèrent promptement[6] le corps du bossu au haut de l'escalier, le laissèrent là et retournèrent chez eux en diligence.

Cependant, la servante ayant dit au médecin qu'un homme et une femme l'attendaient à la porte et le priaient de descendre, pour voir un malade qu'ils avaient amené, et lui ayant remis entre les mains l'argent qu'elle avait reçu, il se laissa transporter de joie se voyant payé d'avance[7], il crut que c'était une bonne pratique[8] qu'on lui amenait et qu'il ne fallait pas

Vocabulaire

1. *Ayant formé un projet :* sachant ce qu'il allait faire.
2. *Exécuter :* réaliser.
3. *Roide :* raide, abrupt.
4. *Que nous n'avons pas dessein :* que nous n'avons pas l'intention.
5. *De lui faire perdre sa peine :* de le faire descendre pour rien.
6. *Promptement :* rapidement.
7. *Il se laissa transporter de joie se voyant payé d'avance :* il fut très joyeux d'être payé d'avance.
8. *Une bonne pratique :* un cas intéressant.

négliger. « Prends vite de la lumière, dit-il à sa servante, et suis-moi. » En disant cela, il s'avança vers l'escalier avec tant de précipitation, qu'il n'attendit point qu'on l'éclairât ; et, venant à rencontrer[1] le bossu, il lui donna du pied dans les côtes si rudement[2], qu'il le fit rouler jusqu'au bas de l'escalier ; peu s'en fallut qu'il ne tombât et ne roulât avec lui. « Apporte donc vite de la lumière », cria-t-il à sa servante. Enfin elle arriva ; il descendit avec elle, et, trouvant que ce qui avait roulé était un homme mort, il fut tellement effrayé de ce spectacle, qu'il invoqua Moïse, Aaron, Josué, Esdras, et tous les autres prophètes de sa loi[3]. « Malheureux que je suis ! disait-il, pourquoi ai-je voulu descendre sans lumière ! J'ai achevé de tuer ce malade qu'on m'avait amené. Je suis cause de sa mort, et, si le bon âne d'Esdras[4] ne vient à mon secours, je suis perdu. Hélas ! on va bientôt me tirer de chez moi comme un meurtrier. »

Malgré le trouble[5] qui l'agitait, il ne laissa pas[6] d'avoir la précaution de fermer sa porte, de peur que par hasard quelqu'un venant à passer par la rue ne s'aperçût du malheur dont il se croyait la cause. Il prit ensuite le cadavre, le porta dans la chambre de sa femme, qui faillit s'évanouir quand elle le vit entrer avec cette fatale[7] charge. « Ah ! c'est fait de nous[8],

Vocabulaire et nom propre

1. *Venant à rencontrer :* butant dans l'obscurité sur le corps.
2. *Il lui donna du pied dans les côtes si rudement :* il lui donna un coup de pied dans les côtes si violemment.
3. *De sa loi :* de la religion juive.
4. *Le bon âne d'Esdras :* selon les textes musulmans, Allah a fait mourir le juif Esdras cent ans avant de le ressusciter et a fait de même avec son âne pour lui prouver son pouvoir.
5. *Trouble :* émotion.
6. *Il ne laissa pas :* il n'oublia pas.
7. *Fatale :* marquée par la mort.
8. *C'est fait de nous :* nous sommes perdus.

s'écria-t-elle, si nous ne trouvons moyen de mettre, cette nuit, hors de chez nous ce corps mort ! Nous perdrons indubitablement[1] la vie si nous le gardons jusqu'au jour. – Quel malheur ! Comment avez-vous donc fait pour tuer cet homme ? – Il ne s'agit point de cela, repartit le juif, il s'agit de trouver un remède à un mal si pressant[2]. »

Le médecin et sa femme délibérèrent ensemble sur le moyen de se délivrer[3] du corps mort pendant la nuit. Le médecin eut beau rêver, il ne trouva nul stratagème[4] pour sortir d'embarras ; mais sa femme, plus fertile[5] en inventions, dit : « Il me vient une pensée : portons ce cadavre sur la terrasse de notre logis et le jetons, par la cheminée, dans la maison du musulman notre voisin. »

Ce musulman était un des pourvoyeurs[6] du sultan : il était chargé du soin[7] de fournir l'huile, le beurre et toutes sortes de graisses. Il avait chez lui son magasin, où les rats et les souris faisaient un grand dégât.

Le médecin juif ayant approuvé l'expédient proposé, sa femme et lui prirent le bossu, le portèrent sur le toit de leur maison ; et, après lui avoir passé des cordes sous les ais-

Vocabulaire

1. *Indubitablement :* sans aucun doute.
2. *Pressant :* qui nous pousse à agir vite.
3. *Délibérèrent ensemble sur le moyen de se délivrer :* examinèrent ensemble par quel moyen ils pourraient se débarrasser.
4. *Stratagème :* ruse.
5. *Fertile :* ici, imaginative.
6. *Pourvoyeurs :* personnes chargées d'approvisionner le sultan.
7. *Soin :* ici, mission.

selles, ils le descendirent, par la cheminée, dans la chambre du pourvoyeur, si doucement, qu'il demeura planté sur ses pieds contre le mur, comme s'il eût été vivant. Lorsqu'ils le sentirent en bas, ils retirèrent les cordes et le laissèrent dans l'attitude que je viens de dire. Ils étaient à peine descendus et rentrés dans leur chambre, quand le pourvoyeur entra dans la sienne. Il revenait d'un festin de noces[1] auquel il avait été invité ce soir-là, et il avait une lanterne à la main. Il fut assez surpris de voir, à la faveur de[2] sa lumière, un homme debout dans sa cheminée ; mais comme il était naturellement courageux, et qu'il s'imagina que c'était un voleur, il se saisit d'un gros bâton, avec quoi courant droit au bossu : « Ah ! ah ! lui dit-il, je m'imaginais que c'étaient les rats et les souris qui mangeaient mon beurre et mes graisses ; et c'est toi qui descends par la cheminée pour me voler ! Je ne crois pas qu'il te reprenne jamais envie d'y revenir. » En achevant ces mots, il frappa le bossu et lui donna plusieurs coups de bâton. Le cadavre tomba le nez contre terre ; le pourvoyeur redoubla ses coups ; mais remarquant enfin que le corps qu'il frappe est sans mouvement, il s'arrête pour le considérer[3]. Alors, voyant que c'était un cadavre, la crainte commence à succéder à la colère. « Qu'ai-je fait, misérable dit-il. Je viens d'assommer un homme ! Ah ! j'ai porté trop loin ma vengeance. Grand Dieu ! si vous n'avez pitié de moi, c'est fait de ma vie. Maudites soient mille fois les graisses et les huiles qui sont cause que j'ai

Vocabulaire

1. *Festin de noces :* dîner de mariage.
2. *À la faveur de :* grâce à.
3. *Le considérer :* l'examiner.

commis une action si criminelle ! » Il demeura pâle et défait[1] ; il croyait déjà voir les ministres de la justice qui le traînaient au supplice[2] ; il ne savait quelle résolution il devait prendre.

Le pourvoyeur du sultan de Casgar, en frappant le bossu, n'avait pas pris garde à sa bosse : lorsqu'il s'en aperçut, il fit des imprécations contre lui[3]. « Maudit bossu, s'écria-t-il, chien de bossu, plût à Dieu que tu m'eusses volé toutes mes graisses et que je ne t'eusse point trouvé ici : je ne serais pas dans l'embarras où je suis pour l'amour de toi et de ta vilaine bosse ! Étoiles qui brillez aux cieux, ajouta-t-il, n'ayez de la lumière que pour moi dans un danger si évident. » En disant ces paroles, il chargea le bossu sur ses épaules, sortit de sa chambre, alla jusqu'au bout de la rue, où l'ayant posé debout et appuyé contre une boutique, il reprit le chemin de sa maison, sans regarder derrière lui.

Quelques moments avant le jour, un marchand chrétien, qui était fort riche et qui fournissait au palais du sultan la plupart des choses dont on y avait besoin, après avoir passé la nuit en débauche[4], s'avisa[5] de sortir de chez lui pour aller au bain. Quoiqu'il fût ivre, il ne laissa pas de remarquer que la nuit était fort avancée et qu'on allait bientôt appeler à la

Vocabulaire

1. *Défait :* épuisé.
2. *Supplice :* torture.
3. *Il fit des imprécations contre lui :* il lui souhaita malheur.
4. *Débauche :* fête où l'on abuse de l'alcool.
5. *S'avisa :* eut l'idée.

prière de la pointe du jour[1]. C'est pourquoi, précipitant ses pas, il se hâtait d'arriver au bain, de peur que quelque musulman, en allant à la mosquée, ne le rencontrât et ne le menât en prison, comme un ivrogne. Néanmoins, quand il fut au bout de la rue, il s'arrêta pour quelque besoin contre la boutique où le pourvoyeur du sultan avait mis le corps du bossu, lequel, venant à être ébranlé[2], tomba sur le dos du marchand, qui, dans la pensée que c'était un voleur qui l'attaquait, le renversa par terre d'un coup de poing qu'il lui déchargea sur la tête ; il lui en donna beaucoup d'autres ensuite, et se mit à crier au voleur.

Le garde du quartier vint à ses cris ; et, voyant que c'était un chrétien qui maltraitait un musulman (car le bossu était de notre religion) : « Quel sujet avez-vous, lui dit-il, de maltraiter ainsi un musulman ? – Il a voulu me voler, répondit le marchand, et il s'est jeté sur moi pour me prendre à la gorge. – Vous vous êtes assez vengé, répliqua le garde en le tirant par le bras ; ôtez-vous de là. » En même temps, il tendit la main au bossu pour l'aider à se relever ; mais, remarquant qu'il était mort : « Oh ! oh ! poursuivit-il, c'est donc ainsi qu'un chrétien a la hardiesse[3] d'assassiner un musulman ! » En achevant ces mots, il arrêta le chrétien et le mena chez le lieutenant de police, où on le mit en prison jusqu'à ce que le juge fût levé et en état d'interroger l'accusé. Cependant le marchand chrétien

Vocabulaire

1. *De la pointe du jour :* du matin, très tôt.
2. *Ébranlé :* secoué.
3. *Hardiesse :* insolence.

revint de son ivresse[1] ; et plus il faisait de réflexions sur son aventure, moins il pouvait comprendre comment de simples coups de poing avaient été capables d'ôter la vie à un homme.

Le lieutenant de police, sur le rapport du garde, et ayant vu le cadavre qu'on avait apporté chez lui, interrogea le marchand chrétien, qui ne put nier un crime qu'il n'avait pas commis. Comme le bossu appartenait au sultan, car c'était un de ses bouffons[2], le lieutenant de police ne voulut pas faire mourir le chrétien sans avoir auparavant appris la volonté du prince. Il alla au palais, pour cet effet[3], rendre compte de ce qui se passait au sultan, qui lui dit : « Je n'ai point de grâce à accorder à un chrétien qui tue un musulman : allez, faites votre charge[4]. » À ces paroles, le juge de police fit dresser une potence[5], envoya des crieurs[6] par la ville, pour publier qu'on allait pendre un chrétien qui avait tué un musulman.

Enfin on tira le marchand de prison, on l'amena au pied de la potence ; et le bourreau, après lui avoir attaché la corde au cou, allait l'élever en l'air, lorsque le pourvoyeur du sultan, fendant la presse[7], s'avança en criant au bourreau : « Attendez, attendez ; ne vous pressez pas : ce n'est pas lui qui a commis le meurtre, c'est moi. » Le lieutenant de police, qui assis-

Vocabulaire

1. *Revint de son ivresse :* retrouva l'esprit clair.
2. *Bouffons :* comédiens chargés de divertir.
3. *Pour cet effet :* dans ce but.
4. *Charge :* devoir.
5. *Potence :* support servant à procéder à la pendaison.
6. *Crieurs :* hommes chargés de crier la nouvelle.
7. *Presse :* ici, foule serrée.

tait à l'exécution, se mit à interroger le pourvoyeur, qui lui raconta de point en point de quelle manière il avait tué le bossu ; et il acheva en disant qu'il avait porté son corps à l'endroit où le marchand chrétien l'avait trouvé. « Vous alliez, ajouta-t-il, faire mourir un innocent, puisqu'il ne peut avoir tué un homme qui n'était plus en vie. C'est bien assez pour moi d'avoir assassiné un musulman, sans charger encore ma conscience de la mort d'un chrétien qui n'est pas criminel. »

Le pourvoyeur du sultan de Casgar s'étant accusé lui-même publiquement d'être l'auteur de la mort du bossu, le lieutenant de police ne put se dispenser de rendre justice au[1] marchand. « Laisse, dit-il au bourreau, laisse aller le chrétien, et pends cet homme à sa place, puisqu'il est évident, par sa propre confession[2], qu'il est le coupable. » Le bourreau lâcha le marchand, mit aussitôt la corde au cou du pourvoyeur ; et, dans le temps qu'il allait l'expédier[3], il entendit la voix du médecin juif qui le priait instamment[4] de suspendre l'exécution, et qui se faisait faire place pour se rendre au pied de la potence.

Quand il fut devant le juge de police : « Seigneur, lui dit-il, ce musulman, que vous voulez faire pendre, n'a pas mérité la mort ; c'est moi seul qui suis criminel. [...] Le pourvoyeur, l'ayant trouvé chez lui, l'a traité comme un voleur, l'a frappé

Vocabulaire

1. *Ne put se dispenser de rendre justice au :* fut obligé d'innocenter le.
2. *Sa propre confession :* son propre aveu.
3. *L'expédier :* l'envoyer vers la mort.
4. *Instamment :* à cet instant.

et a cru l'avoir tué ; mais cela n'est pas, comme vous le voyez par ma déposition[1]. Je suis donc le seul auteur du meurtre ; et, quoique je le sois contre mon intention, j'ai résolu d'expier[2] mon crime, pour n'avoir pas à me reprocher la mort de deux musulmans, en souffrant[3] que vous ôtiez la vie au pourvoyeur du sultan, dont je viens vous révéler l'innocence. Renvoyez-le donc, s'il vous plaît, et me mettez à sa place, puisque personne d'autre que moi n'est cause de la mort du bossu. »

Dès que le juge de police fut persuadé que le médecin juif était le meurtrier, il ordonna au bourreau de se saisir de sa personne et de mettre en liberté le pourvoyeur du sultan. Le médecin avait déjà la corde au cou et allait cesser de vivre, quand on entendit la voix du tailleur qui priait le bourreau de ne pas passer plus avant[4], et qui faisait ranger le peuple pour s'avancer vers le lieutenant de police, devant lequel étant arrivé : « Seigneur, lui dit-il, peu s'en est fallu que vous n'ayez fait perdre la vie à trois personnes innocentes ; mais, si vous voulez bien avoir la patience de m'entendre, vous allez connaître le véritable assassin du bossu. Si sa mort doit être expiée par une autre, c'est par la mienne. [...] »

Le lieutenant de police et tous les spectateurs ne pouvaient assez admirer les étranges événements dont la mort du bossu avait été suivie. « Lâche donc le médecin juif, dit le juge au

Vocabulaire
1. *Déposition :* déclaration.
2. *Expier :* réparer la faute par une punition imposée.
3. *Souffrant :* supportant.
4. *Ne pas passer plus avant :* ne pas continuer.

bourreau, et pends le tailleur, puisqu'il confesse son crime. Il faut avouer que cette histoire est bien extraordinaire et qu'elle mérite d'être écrite en lettres d'or. » Le bourreau, ayant mis en liberté le médecin, passa une corde au cou du tailleur.

Pendant qu'il se préparait à le pendre, le sultan de Casgar, qui ne pouvait se passer longtemps du bossu, son bouffon, ayant demandé à le voir, un de ses officiers lui dit : « Sire, le bossu dont Votre Majesté est en peine, après s'être enivré hier, s'échappa du palais, contre sa coutume[1], pour aller courir par la ville, et il s'est trouvé mort ce matin. On a conduit devant le juge de police un homme accusé de l'avoir tué, et aussitôt le juge a fait dresser une potence. Comme on allait pendre l'accusé, un homme est arrivé, et, après celui-là, un autre, qui s'accusent eux-mêmes et se déchargent l'un l'autre. Il y a longtemps que cela dure, et le lieutenant de police est actuellement occupé à interroger un troisième homme, qui se dit le véritable assassin. »

[...]

Le sultan gracie l'accusé, et demande à son écrivain particulier d'écrire cette histoire si singulière.

Shéhérazade débute alors un autre récit.

Vocabulaire
1. *Contre sa coutume :* contre la règle établie.

Second Voyage de Sindbad le Marin

Hindbad, un pauvre porteur, entre dans une riche maison, attiré par l'odeur d'un festin. Le maître des lieux est un marin, Sindbad, qui se met en devoir d'expliquer les raisons de sa si grande richesse. Il évoque alors un premier voyage qui l'a conduit dans l'île du roi Mirhage, puis un second.

J'avais résolu, après mon premier voyage, de passer tranquillement le reste de mes jours à Bagdad, comme j'eus l'honneur de vous le dire hier. Mais je ne fus pas longtemps sans m'ennuyer d'une vie oisive[1], l'envie de voyager et de négocier[2] par mer me reprit : j'achetai des marchandises propres à faire le trafic[3] que je méditais, et je partis une seconde fois avec d'autres marchands dont la probité[4] m'était connue. Nous nous embarquâmes sur un bon navire, et après nous être recommandés à Dieu, nous commençâmes notre navigation.

Nous allions d'îles en îles et nous y faisions des trocs[5] fort avantageux. Un jour, nous descendîmes dans une de ces îles, couverte de plusieurs sortes d'arbres fruitiers, mais si déserte que nous n'y découvrîmes aucune habitation ni même aucune personne. Nous allâmes prendre l'air dans les prairies et le long des ruisseaux qui les arrosaient.

Vocabulaire

1. *Oisive :* inoccupée.
2. *Négocier :* faire du commerce.
3. *Trafic :* ici, échanges, commerce.
4. *Probité :* honnêteté.
5. *Trocs :* échanges, affaires.

Pendant que les uns se divertissaient à cueillir des fleurs, et les autres des fruits, je pris mes provisions et du vin que j'avais apporté, et je m'assis près d'une eau coulant entre de grands arbres qui formaient un bel ombrage. Je fis un assez bon repas de ce que j'avais, après quoi le sommeil vint s'emparer de mes sens[1]. Je ne vous dirai pas si je dormis longtemps ; mais quand je me réveillai, je ne vis plus le navire à l'ancre[2].

Je fus bien étonné de ne plus voir le vaisseau[3] à l'ancre ; je me levai, je regardai de toutes parts et je ne vis pas un des marchands qui étaient descendus dans l'île avec moi. J'aperçus seulement le navire à la voile[4], mais si éloigné que je le perdis de vue peu de temps après.

Je vous laisse à imaginer les réflexions que je fis dans un état si triste. Je pensai mourir de douleur. Je poussai des cris épouvantables ; je me frappai la tête, et me jetai par terre, où je demeurai longtemps abîmé dans une confusion de pensées[5] toutes plus affligeantes[6] les unes que les autres. Je me reprochai cent fois de ne m'être pas contenté de mon premier voyage, qui devait m'avoir fait perdre pour jamais l'envie d'en faire d'autres. Mais tous mes regrets étaient inutiles et mon repentir[7] hors de saison.

Vocabulaire

1. *Le sommeil vint s'emparer de mes sens :* je m'endormis.
2. *Le navire à l'ancre :* le bateau maintenu sur place par l'ancre.
3. *Vaisseau :* bateau.
4. *À la voile :* les voiles tendues, poussées par le vent.
5. *Abîmé dans une confusion de pensées :* perdu dans des pensées embrouillées.
6. *Affligeantes :* attristantes.
7. *Mon repentir :* mes remords.

À la fin, je me résignai à[1] la volonté de Dieu ; et, sans savoir ce que je deviendrais, je montai au haut d'un grand arbre, d'où je regardai de tous côtés si je ne découvrirais rien qui pût me donner quelque espérance. En jetant les yeux sur la mer, je ne vis que de l'eau et du ciel ; mais ayant aperçu, du côté de la terre, quelque chose de blanc, je descendis de l'arbre, et, avec ce qui me restait de vivres[2], je marchai vers cette blancheur, qui était si éloignée que je ne pouvais pas bien distinguer ce que c'était.

Lorsque j'en fus à une distance raisonnable, je remarquai que c'était une boule blanche, d'une hauteur et d'une grosseur prodigieuses[3]. Dès que j'en fus près, je la touchai et la trouvai fort douce. Je tournai alentour[4], pour voir s'il n'y avait point d'ouverture ; je n'en pus découvrir aucune, et il me parut qu'il était impossible de monter dessus, tant elle était unie[5]. Elle pouvait avoir cinquante pas en rondeur[6].

Le soleil alors était près de se coucher. L'air s'obscurcit tout à coup, comme s'il eût été couvert d'un nuage épais. Mais si je fus étonné de cette obscurité, je le fus bien davantage quand je m'aperçus que ce qui la causait était un oiseau d'une grandeur et d'une grosseur extraordinaires, qui s'avançait de mon côté en volant. Je me souvins d'un oiseau appelé roc,

Vocabulaire
1. *Je me résignai à :* j'acceptai.
2. *Vivres :* provisions.
3. *Prodigieuses :* extraordinaires.
4. *Alentour :* autour.
5. *Unie :* lisse.
6. *En rondeur :* de diamètre.

dont j'avais souvent entendu parler par les matelots, et je conçus que la grosse boule que j'avais tant admirée, devait être un œuf de cet oiseau. En effet, il s'abattit et se posa dessus comme pour le couver. En le voyant venir, je m'étais serré fort près de l'œuf, de sorte que j'eus devant moi un des pieds de l'oiseau, et ce pied était aussi gros qu'un gros tronc d'arbre. Je m'y attachai fortement avec la toile dont mon turban était environné[1], dans l'espérance que le roc, lorsqu'il reprendrait son vol le lendemain, m'emporterait hors de cette île déserte. Effectivement, après avoir passé la nuit en cet état, dès qu'il fut jour, l'oiseau s'envola et m'enleva si haut que je ne voyais plus la terre ; puis il descendit tout à coup avec tant de rapidité que je ne me sentais pas. Lorsque le roc fut posé et que je me vis à terre, je déliai promptement le nœud qui me tenait attaché à son pied. J'avais à peine achevé de me détacher, qu'il donna du bec sur un serpent d'une longueur inouïe[2]. Il le prit et s'envola aussitôt.

Le lieu où il me laissa était une vallée très profonde, environnée de toutes parts de montagnes, si hautes qu'elles se perdaient dans la nue[3], et tellement escarpées[4] qu'il n'y avait aucun chemin par où l'on y pût monter. Ce fut un nouvel embarras pour moi ; et, comparant cet endroit à l'île déserte que je venais de quitter, je trouvai que je n'avais rien gagné au change.

Vocabulaire

1. *Environné :* entouré.
2. *Inouïe :* incroyable.
3. *La nue :* le ciel.
4. *Escarpées :* abruptes.

En marchant par cette vallée, je remarquai qu'elle était parsemée de diamants[1] ; il y en avait d'une grosseur surprenante. Je pris beaucoup de plaisir à les regarder ; mais j'aperçus bientôt de loin des objets qui diminuèrent fort ce plaisir et que je ne pus voir sans effroi[2]. C'était un grand nombre de serpents, si gros et si longs, qu'il n'y en avait pas un qui n'eût englouti un éléphant. Ils se retiraient, pendant le jour, dans leurs antres[3], où ils se cachaient à cause du roc, leur ennemi, et ils n'en sortaient que la nuit.

Je passai la journée à me promener dans la vallée et à me reposer de temps en temps dans les endroits les plus commodes[4]. Cependant le soleil se coucha ; et, à l'entrée de la nuit, je me retirai dans une grotte où je jugeai que je serais en sûreté. J'en bouchai l'entrée, qui était basse et étroite, avec une pierre assez grosse pour me garantir[5] des serpents, mais qui n'était pas assez juste pour empêcher qu'il n'y entrât un peu de lumière. Je soupai d'une partie de mes provisions, au bruit des serpents qui commencèrent à paraître. Leurs affreux sifflements me causèrent une frayeur extrême et ne me permirent pas, comme vous pouvez le penser, de passer la nuit fort tranquillement. Le jour étant venu, les serpents se retirèrent. Alors je sortis de ma grotte en tremblant, et je puis dire que je marchai longtemps sur des diamants sans en avoir

Vocabulaire

1. *Parsemée de diamants :* recouverte de diamants dispersés.
2. *Effroi :* peur.
3. *Antres :* grottes.
4. *Commodes :* adaptés, convenables.
5. *Garantir :* protéger.

la moindre envie. À la fin, je m'assis ; et malgré l'inquiétude dont j'étais agité, comme je n'avais pas fermé l'œil de toute la nuit, je m'endormis après avoir fait encore un repas de mes provisions. Mais j'étais à peine assoupi[1] que quelque chose, qui tomba près de moi avec grand bruit, me réveilla. C'était une grosse pièce[2] de viande fraîche ; et dans le moment, j'en vis rouler plusieurs autres du haut du rocher, en différents endroits.

J'avais toujours tenu pour un conte fait à plaisir[3] ce que j'avais entendu dire plusieurs fois par des matelots et par d'autres personnes touchant la vallée des diamants, et l'adresse[4] dont se servaient quelques marchands pour en tirer ces pierres précieuses. Je connus bien[5] qu'ils m'avaient dit la vérité. En effet, ces marchands se rendent auprès de cette vallée dans le temps que[6] les aigles ont des petits ; ils découpent de la viande et la jettent par grosses pièces dans la vallée ; les diamants sur la pointe desquels elles tombent s'y attachent. Les aigles, qui sont, en ce pays-là, plus forts qu'ailleurs, vont fondre[7] sur ces pièces de viande et les emportent dans leurs nids, au haut des rochers, pour servir de pâture[8] à leurs aiglons. Alors les marchands, courant aux nids, obligent, par leurs cris, les aigles à s'éloigner, et prennent les diamants qu'ils trouvent attachés aux pièces de viande. Ils se servent de cette ruse parce qu'il n'y

Vocabulaire

1. *Assoupi* : endormi.
2. *Une grosse pièce* : un gros morceau.
3. *Fait à plaisir* : fait pour divertir.
4. *L'adresse* : le moyen habile.
5. *Je connus bien* : je me rendis à l'évidence.
6. *Dans le temps que* : au moment où.
7. *Fondre* : se précipiter.
8. *Pâture* : nourriture.

a pas d'autre moyen de tirer les diamants de cette vallée, qui est un précipice[1] dans lequel on ne saurait descendre.

J'avais cru jusque-là qu'il ne me serait pas possible de sortir de cet abîme[2], que je regardais comme mon tombeau ; mais je changeai de sentiment, et ce que je venais de voir me donna lieu d'imaginer le moyen de conserver ma vie.

Je commençai par amasser[3] les plus gros diamants qui se présentèrent à mes yeux, et j'en remplis le sac de cuir qui m'avait servi à mettre mes provisions de bouche[4]. Je pris ensuite la pièce de viande qui me parut la plus longue ; je l'attachai fortement autour de moi avec la toile de mon turban, et en cet état, je me couchai le ventre contre terre, la bourse de cuir attachée à ma ceinture, de manière qu'elle ne pouvait tomber.

Je ne fus pas plus tôt en cette situation[5] que les aigles vinrent chacun se saisir d'une pièce de viande qu'ils emportèrent ; et un des plus puissants, m'ayant enlevé de même avec le morceau de viande dont j'étais enveloppé, me porta au haut de la montagne jusque dans son nid. Les marchands ne manquèrent point alors de crier pour épouvanter[6] les aigles ; et lorsqu'ils les eurent obligés à quitter leur proie[7], un d'entre

Vocabulaire

1. *Précipice :* gouffre aux parois abruptes.
2. *Abîme :* gouffre très profond.
3. *Amasser :* réunir.
4. *Provisions de bouche :* réserves alimentaires.
5. *En cette situation :* dans cette position.
6. *Épouvanter :* effrayer.
7. *Proie :* capture de chasse.

eux s'approcha de moi : mais il fut saisi de crainte quand il m'aperçut. Il se rassura pourtant ; et au lieu de s'informer par quelle aventure je me trouvais là, il commença à me quereller[1], en me demandant pourquoi je lui ravissais son bien[2]. « Vous me parlerez, lui dis-je, avec plus d'humanité[3] lorsque vous m'aurez mieux connu. Consolez-vous, ajoutai-je ; j'ai des diamants pour vous et pour moi plus que n'en peuvent avoir tous les autres marchands ensemble. S'ils en ont, ce n'est que par hasard ; mais j'ai choisi moi-même, au fond de la vallée, ceux que j'apporte dans cette bourse que vous voyez. » En disant cela, je la lui montrai. Je n'avais pas achevé de parler, que les autres marchands, qui m'aperçurent, s'attroupèrent[4] autour de moi, fort étonnés de me voir, et j'augmentai leur surprise par le récit de mon histoire. Ils n'admirèrent pas tant le stratagème que j'avais imaginé pour me sauver que ma hardiesse[5] à le tenter.

Ils m'emmenèrent au logement où ils demeuraient tous ensemble : et là, ayant ouvert ma bourse en leur présence, la grosseur de mes diamants les surprit, et ils m'avouèrent que, dans toutes les cours où ils avaient été, ils n'en avaient pas vu un qui en approchât. Je priai le marchand à qui appartenait le nid où j'avais été transporté (car chaque marchand avait le sien), d'en choisir pour sa part autant qu'il en voudrait.

Vocabulaire

1. *Me quereller :* me faire des reproches.
2. *Ravissais son bien :* volais sa récolte.
3. *Plus d'humanité :* davantage de politesse.
4. *S'attroupèrent :* se rassemblèrent.
5. *Hardiesse :* courage, bravoure.

Il se contenta d'en prendre un seul, encore le prit-il des moins gros ; et comme je le pressais[1] d'en recevoir d'autres sans craindre de me faire du tort : « Non, me dit-il ; je suis fort satisfait de celui-ci, qui est assez précieux pour m'épargner la peine de faire désormais d'autres voyages pour l'établissement de ma petite fortune. »

Je passai la nuit avec ces marchands, à qui je racontai une seconde fois mon histoire, pour la satisfaction de ceux qui ne l'avaient pas entendue. Je ne pouvais modérer[2] ma joie quand je faisais réflexion que j'étais hors des périls[3] dont je vous ai parlé. Il me semblait que l'état où je me trouvais était un songe, et je pouvais croire que je n'eusse plus rien à craindre.

Il y avait déjà plusieurs jours que les marchands jetaient des pièces de viande dans la vallée ; et comme chacun paraissait content des diamants qui lui étaient échus[4], nous partîmes le lendemain tous ensemble, et nous marchâmes par de hautes montagnes où il y avait des serpents d'une longueur prodigieuse, que nous eûmes le bonheur d'éviter. Nous gagnâmes le premier port, d'où nous passâmes à l'île de Roha [...].

J'y échangeai quelques-uns de mes diamants contre de bonnes marchandises. De là, nous allâmes à d'autres îles, et enfin, après avoir touché à plusieurs villes marchandes de terre ferme, nous abordâmes à Bassora, d'où je me rendis

Vocabulaire

1. *Je le pressais :* je l'encourageais à.
2. *Modérer :* diminuer.
3. *Périls :* dangers.
4. *Échus :* attribués.

à Bagdad. J'y fis d'abord de grandes aumônes[1] aux pauvres, et je jouis honorablement[2] du reste de mes richesses immenses, que j'avais apportées et gagnées avec tant de fatigues.

Ce fut ainsi que Sindbad raconta son second voyage. [...]

Shéhérazade raconte bien d'autres contes encore.

Vocabulaire

1. *De grandes aumônes :* des dons généreux.

2. *Je jouis honorablement :* je profitai honnêtement.

Histoire d'Ali Cogia, marchand de Bagdad

Sous le règne du calife Haroun al-Rachid, dit la sultane Shéhérazade, il y avait à Bagdad un marchand nommé Ali Cogia, qui n'était ni des plus riches, ni non plus du dernier ordre, lequel demeurait dans sa maison paternelle sans femme et sans enfants. Dans le temps que, libre de ses actions, il vivait content de ce que son négoce[1] lui produisait, il eut, trois jours de suite, un songe[2] dans lequel un vieillard vénérable[3] lui apparut avec un regard sévère, qui le réprimandait[4] de ce qu'il ne s'était pas encore acquitté du[5] pèlerinage de La Mecque.

Ce songe troubla Ali Cogia et le mit dans un grand embarras. Comme bon musulman, il n'ignorait pas l'obligation où il était de faire ce pèlerinage [...].

Pour se mettre en état d'y satisfaire dans l'année qui coulait[6], Ali Cogia commença par la vente de ses meubles ; il vendit ensuite sa boutique [...]. La seule chose qui lui restât à faire était de mettre en sûreté une somme de mille pièces d'or, qui l'eût embarrassé dans le pèlerinage [...].

Ali Cogia choisit un vase d'une capacité convenable ; il y mit les mille pièces d'or et il acheva de le remplir d'olives. Après avoir bien bouché le vase, il le porte chez un marchand de ses amis. Il lui dit : « Mon frère, vous n'ignorez pas que, dans peu de jours, je pars, comme pèlerin de La Mecque, avec

Vocabulaire

1. *Négoce :* commerce.
2. *Songe :* rêve.
3. *Vénérable :* digne de respect.
4. *Qui le réprimandait :* qui lui reprochait.
5. *De ce qu'il ne s'était pas encore acquitté du :* car il n'avait pas encore fait, comme il le devait, le.
6. *Qui coulait :* en cours.

la caravane[1] ; je vous demande en grâce[2] de vouloir bien vous charger d'un vase d'olives que voici, et de me le conserver jusqu'à mon retour. »

Le marchand lui dit obligeamment[3] : « Tenez, voilà la clef de mon magasin ; portez-y vous-même votre vase et mettez-le où il vous plaira ; je vous promets que vous l'y retrouverez. »

Ali Cogia se rend donc à La Mecque, puis, poussé par le commerce, au Caire, à Bagdad, à Damas, à Mossoul, et même jusqu'en Inde. Son absence dure sept ans. Elle est si longue que l'ami qui garde le vase le croit mort et décide de manger les olives, malgré les remontrances de sa femme.

Quand il est dans son magasin, il prend le vase, il le découvre et il voit les olives toutes pourries. Pour s'éclaircir[4] si le dessous est aussi gâté[5] que le dessus, il en verse dans le plat, et, de la secousse avec laquelle il les versa, quelques pièces d'or y tombèrent avec bruit.

À la vue de ces pièces, le marchand, naturellement avide[6] et attentif, regarde dans le vase et aperçoit qu'il a versé presque toutes les olives dans le plat et que le reste est tout or en belle monnaie. Il remet dans le vase ce qu'il a versé d'olives, il le recouvre et il revient.

[...] Le lendemain, de grand matin, il va acheter des olives

Vocabulaire

1. *Caravane :* groupe de marchands ou de pèlerins qui traversent les déserts accompagnés d'animaux pour les porter.
2. *En grâce :* comme un service.
3. *Obligeamment :* avec courtoisie.
4. *Pour s'éclaircir :* pour savoir.
5. *Gâté :* abîmé.
6. *Avide :* ici, cupide, aimant la richesse.

de l'année ; il revient, il jette les vieilles du vase d'Ali Cogia, il en prend l'or, il le met en sûreté ; et, après l'avoir rempli des olives qu'il vient d'acheter, il le recouvre du même couvercle et le remet à la même place où Ali Cogia l'avait mis.

Environ un mois après que le marchand eut commis une action si lâche, et qui devait lui coûter cher, Ali Cogia arriva à Bagdad de son long voyage. Comme il avait loué sa maison avant son départ, il mit pied à terre dans un khan[1], où il prit un logement en attendant qu'il eût signifié son arrivée à son locataire[2] et que le locataire se fût pourvu ailleurs d'un logement[3].

Le lendemain, Ali Cogia alla trouver le marchand, son ami, qui le reçut en l'embrassant et en lui témoignant la joie qu'il avait de son retour, après une absence de tant d'années, qui, disait-il, avait commencé de lui faire perdre l'espérance de jamais le revoir.

Après les compliments de part et d'autre, accoutumés[4] dans une semblable rencontre, Ali Cogia pria le marchand de vouloir bien lui rendre le vase d'olives qu'il avait confié à sa garde et de l'excuser de la liberté qu'il avait prise de l'en embarrasser.

« Ali Cogia, mon cher ami, reprit le marchand, vous avez tort de me faire des excuses ; je n'ai été nullement embarrassé de votre vase ; et, dans une pareille occasion, j'en eusse usé avec vous de la même manière[5] que vous en avez usé avec

Vocabulaire

1. *Un khan :* une auberge.
2. *Qu'il eut signifié son arrivée à son locataire :* qu'il eut informé son locataire de son arrivée.
3. *Se fut pourvu ailleurs d'un logement :* eut trouvé un autre endroit où loger.
4. *Accoutumés :* comme on le fait d'habitude.
5. *J'en eusse usé avec vous de la même manière :* j'aurais agi avec vous de la même façon.

moi. Tenez, voilà la clef de mon magasin : allez le prendre ; vous le trouverez à la même place où vous l'avez mis. »

Ali Cogia alla au magasin du marchand, il en apporta son vase ; et, après lui avoir rendu la clef, l'avoir bien remercié du plaisir qu'il en avait reçu, il retourne au khan où il avait pris logement. Il découvre le vase ; et, en y mettant la main, à la hauteur où les mille pièces d'or qu'il y avait cachées devaient être, il est dans une grande surprise de ne les y pas trouver. Il crut se tromper ; et, pour se tirer hors de peine[1] promptement, il prend une partie des plats et autres vases de sa cuisine de voyage, et il verse tout le vase d'olives, sans y trouver une seule pièce d'or. Il demeura immobile d'étonnement ; et, en élevant les mains et les yeux au ciel : « Est-il possible, s'écria-t-il, qu'un homme que je regardais comme mon bon ami m'ait fait une infidélité si insigne[2] ! »

Ali Cogia, sensiblement alarmé[3] par la crainte d'avoir fait une perte si considérable, revient chez le marchand. « Mon ami, lui dit-il, ne soyez pas surpris de ce que je reviens sur mes pas : j'avoue que j'ai reconnu le vase d'olives que j'ai repris dans votre magasin pour celui que j'y avais mis ; mais, avec les olives, j'y avais mis mille pièces d'or que je n'y trouve pas. Peut-être en avez-vous eu besoin et vous en êtes-vous servi pour votre négoce. Si cela est[4], elles sont à votre service. Je vous prie seulement de me tirer hors de peine et de m'en

Vocabulaire

1. *Se tirer hors de peine :* mettre fin à son inquiétude.
2. *Insigne :* remarquable.
3. *Sensiblement alarmé :* vraiment inquiet.
4. *Si cela est :* si c'est le cas.

donner une reconnaissance[1], après quoi vous me les rendrez à votre commodité[2]. »

Le marchand nie avoir trouvé les pièces d'or. Ali Cogia insiste. Le marchand se met alors en colère, ce qui attire les badauds et les autres boutiquiers, qui cherchent à les mettre d'accord.

Quand Ali Cogia leur eut exposé le sujet, les plus apparents[3] demandèrent au marchand ce qu'il avait à répondre.

Le marchand avoua qu'il avait gardé le vase d'Ali Cogia dans son magasin ; mais il nia qu'il y eût touché, et il fit serment qu'il ne savait qu'il y eût des olives que parce qu'Ali Cogia le lui avait dit, et qu'il les prenait tous à témoin de l'affront et de l'insulte[4] qu'il venait lui faire jusque chez lui.

« Vous vous l'attirez vous-même, l'affront, dit alors Ali Cogia en prenant le marchand par le bras ; mais, puisque vous en usez si méchamment, je vous cite à la loi de Dieu[5] : voyons si vous aurez le front[6] de dire la même chose devant le cadi[7]. »

À cette sommation[8], à laquelle tout bon musulman doit obéir, à moins de se rendre rebelle à la religion, le marchand n'eut pas la hardiesse de faire résistance. « Allons, dit-il, c'est ce que je vous demande : nous verrons qui a tort, de vous ou de moi. »

Vocabulaire

1. *Une reconnaissance :* une reconnaissance de dettes.
2. *À votre commodité :* quand vous le pourrez.
3. *Les plus apparents :* les notables.
4. *De l'affront et de l'insulte :* de l'humiliation et du déshonneur.
5. *Je vous cite à la loi de Dieu :* je vous demande de le jurer devant Dieu.
6. *Si vous aurez le front :* si vous allez oser.
7. *Cadi :* juge civil et religieux qui s'occupe des affaires des villageois.
8. *Sommation :* demande impérative.

Ali Cogia amena le marchand devant le tribunal du cadi, où il l'accusa de lui avoir volé un dépôt de mille pièces d'or[1], en exposant le fait de la manière que nous venons de voir. Le cadi lui demanda s'il avait des témoins. Il répondit que c'était une précaution qu'il n'avait pas prise, parce qu'il avait cru que celui à qui il confiait son dépôt était son ami, et que jusqu'alors il l'avait reconnu pour honnête homme.

Le marchand ne dit autre chose, pour sa défense, que ce qu'il avait déjà dit à Ali Cogia et en présence de ses voisins ; et il acheva en disant qu'il était prêt à affirmer par serment, non seulement qu'il était faux qu'il eût pris les mille pièces d'or, comme on l'en accusait, mais même qu'il n'en avait aucune connaissance. Le cadi exigea de lui le serment ; après quoi il le renvoya absous[2].

Ali Cogia, extrêmement mortifié[3] de se voir condamné à une perte si considérable, protesta contre le jugement, en déclarant au cadi qu'il en porterait sa plainte au calife Haroun al-Rachid, qui lui ferait justice ; mais le cadi ne s'étonna point de la protestation : il la regarda comme l'effet du ressentiment[4] ordinaire à tous ceux qui perdent leur procès, et il crut avoir fait son devoir en renvoyant absous un accusé contre lequel on ne lui avait pas produit[5] de témoins.

Pendant que le marchand retournait chez lui, en triomphant d'Ali Cogia avec la joie d'avoir ses mille pièces d'or à si

Vocabulaire

1. *Un dépôt de mille pièces d'or :* les milles pièces d'or qu'il avait déposées chez lui.
2. *Absous :* déclaré innocent.
3. *Mortifié :* humilié.
4. *Ressentiment :* rancune.
5. *Produit :* amené.

bon marché, Ali Cogia alla dresser un placet[1], et, dès le lendemain, après avoir pris le temps que[2] le calife devait retourner de la mosquée après la prière du midi, il se mit dans une rue, sur le chemin, et, dans le temps qu'il passait, il éleva le bras en tenant le placet à la main ; et un officier chargé de cette fonction, qui marchait devant le calife et qui se détacha de son rang, vint le prendre pour le lui donner. [...]

Le soir du même jour, le calife, avec le grand vizir[3] Giafar et Mesrour, le chef des eunuques[4], l'un et l'autre déguisés comme lui, alla faire sa tournée dans la ville [...].

En passant par une rue, le calife entendit du bruit ; il pressa le pas et il arriva à une porte qui donnait entrée dans une cour où dix ou douze enfants, qui n'étaient pas encore retirés[5], jouaient au clair de la lune ; de quoi il s'aperçut en regardant par une fente.

Le calife, curieux de savoir à quel jeu ces enfants jouaient, s'assit sur un banc de pierre qui se trouva à propos à côté de la porte ; et, comme il continuait à regarder par la fente, il entendit qu'un des enfants, le plus vif et le plus éveillé de tous, dit aux autres : « Jouons au cadi. Je suis le cadi : amenez-moi Ali Cogia et le marchand qui lui a volé mille pièces d'or. » À ces paroles de l'enfant, le calife se souvint du placet qui lui avait été présenté, le même jour, et qu'il avait lu ; et cela lui fit redoubler son attention, pour voir quel serait le succès[6] du jugement.

Vocabulaire

1. *Dresser un placet :* écrire une lettre au calife pour demander justice.
2. *Après avoir pris le temps que :* après s'être renseigné sur l'heure à laquelle.
3. *Grand vizir :* premier ministre.
4. *Eunuques :* hommes chargés de la garde des femmes.
5. *Retirés :* rentrés.
6. *Le succès :* l'issue, la fin.

Comme l'affaire d'Ali Cogia et du marchand était nouvelle et qu'elle faisait grand bruit dans la ville de Bagdad, jusque parmi les enfants, les autres enfants acceptèrent la proposition avec joie et convinrent du personnage qu'ils devaient jouer. Personne ne refusa à celui qui s'était offert de faire le cadi d'en représenter le rôle. Quand il eut pris séance[1] avec le semblant et la gravité[2] d'un cadi, un autre, comme officier compétent[3] du tribunal, lui en présenta deux, dont il appela l'un Ali Cogia et l'autre le marchand contre qui Ali Cogia portait sa plainte.

Alors le feint[4] cadi prit la parole ; et, en interrogeant gravement le feint Ali Cogia : « Ali Cogia, dit-il, que demandez-vous au marchand que voilà ? »

Le feint Ali Cogia, après une profonde révérence, informa le feint cadi du fait de point en point ; et, en achevant, il conclut en le suppliant d'interposer l'autorité de son jugement, pour empêcher qu'il ne fît une perte aussi considérable.

Le feint cadi, après avoir écouté le feint Ali Cogia, se tourna du côté du feint marchand et lui demanda pourquoi il ne rendait pas à Ali Cogia la somme qu'il lui demandait.

Le feint marchand apporta les mêmes raisons que le véritable avait alléguées[5] devant le cadi de Bagdad ; et il demanda de même à affirmer par serment que ce qu'il disait était la vérité.

Vocabulaire

1. *Quand il eut pris séance :* quand il ouvrit le tribunal.
2. *Le semblant et la gravité :* la position et le sérieux.
3. *Comme officier compétent :* jouant le rôle de l'officier qui est chargé d'amener les deux adversaires.
4. *Feint :* faux.
5. *Alléguées :* données.

« N'allons pas si vite, reprit le feint cadi : avant que nous en venions à votre serment, je suis bien aise de voir le vase d'olives. Ali Cogia, ajouta-t-il en s'adressant au feint marchand de ce nom, avez-vous apporté le vase ? » Comme il eut répondu qu'il ne l'avait pas apporté : « Allez le prendre, reprit-il, et apportez-le-moi. »

Le feint Ali Cogia disparaît pour un moment ; et, en revenant, il feint de poser un vase devant le feint cadi, en disant que c'est le même vase qu'il avait mis chez l'accusé et qu'il a retiré de chez lui. Pour ne rien omettre[1] de la formalité[2], le feint cadi demanda au feint marchand s'il le reconnaissait aussi pour le vase. Et, comme le feint marchand eut témoigné par son silence qu'il ne pouvait le nier, il commanda qu'on le découvrît[3]. Le feint Ali Cogia fit semblant d'ôter le couvercle et le feint cadi, en faisant semblant de regarder dans le vase : « Voilà de belles olives, dit-il ; que j'en goûte. » Il fit semblant d'en prendre une et d'en goûter, et il ajouta : « Elles sont excellentes.

– Mais, continua le feint cadi, il me semble que les olives gardées pendant sept ans ne devraient pas être si bonnes. Qu'on fasse venir des marchands d'olives, et qu'ils voient ce qui en est. »

Deux enfants lui furent présentés, en qualité de marchands d'olives. « Êtes-vous marchands d'olives ? » leur demanda le feint cadi. Comme ils eurent répondu que c'était leur profes-

Vocabulaire

1. *Omettre :* oublier.
2. *Formalité :* procédure, déroulement.
3. *Le découvrît :* retirât le couvercle.

sion : « Dites-moi, reprit-il, savez-vous combien de temps des olives accommodées[1] par des gens qui s'y entendent peuvent se conserver bonnes à manger ? – Seigneur, répondirent les feints marchands, quelque peine que l'on prenne pour les garder, elles ne valent plus rien la troisième année : elles n'ont plus ni saveur, ni couleur ; elles ne sont bonnes qu'à jeter. – Si cela est, reprit le feint cadi, voyez le vase que voilà et dites-moi combien il y a de temps qu'on y a mis les olives qui y sont. »

Les marchands feints firent semblant d'examiner les olives et d'en goûter et témoignèrent au cadi qu'elles étaient récentes et bonnes.

« Vous vous trompez, reprit le feint cadi : voilà Ali Cogia qui dit qu'il les a mises dans le vase il y a sept ans. – Seigneur, repartirent les feints marchands appelés comme experts[2], ce que nous pouvons assurer, c'est que les olives sont de cette année ; et nous maintenons que, de tous les marchands de Bagdad, il n'y en a pas un seul qui ne rende le même témoignage que nous. »

Le feint marchand accusé par le feint Ali Cogia voulut ouvrir la bouche contre le témoignage des marchands experts ; mais le feint cadi ne lui en donna pas le temps. « Tais-toi, dit-il, tu es un voleur. Qu'on le pende. » De la sorte, les enfants mirent fin à leur jeu avec une grande joie, en frappant des mains et en se jetant sur le feint criminel, comme pour le mener pendre.

Vocabulaire

1. *Accommodées* : préparées.

2. *Experts* : connaisseurs.

On ne peut exprimer combien le calife Haroun al-Rachid admira la sagesse et l'esprit de l'enfant qui venait de rendre un jugement si sage sur l'affaire qui devait être plaidée devant lui[1] le lendemain. En cessant de regarder par la fente et en se levant, il demanda à son grand vizir, qui avait été attentif aussi à ce qui venait de se passer, s'il avait entendu le jugement que l'enfant venait de rendre, et ce qu'il en pensait. « Commandeur[2] des croyants, répondit le grand vizir Giafar, on ne peut être plus surpris que je ne le suis d'une si grande sagesse, dans un âge si peu avancé.

– Mais, reprit le calife, sais-tu une chose, qui est que j'ai à prononcer, demain, sur la même affaire, et que le véritable Ali Cogia m'en a présenté le placet aujourd'hui ? – Je l'apprends de Votre Majesté, répond le grand vizir. – Crois-tu, reprit encore le calife, que je puisse en rendre un autre jugement que celui que nous venons d'entendre ? – Si l'affaire est la même, repartit le grand vizir, il ne me paraît pas que Votre Majesté puisse y procéder d'une autre manière ni prononcer autrement. – Remarque donc bien cette maison, lui dit le calife ; et amène-moi demain l'enfant, afin qu'il juge la même affaire en ma présence. Mande[3] aussi au cadi qui a renvoyé absous le marchand voleur de s'y trouver, afin qu'il apprenne son devoir de l'exemple d'un enfant, et qu'il se corrige. Je veux aussi que tu prennes le soin de faire avertir Ali Cogia d'apporter son vase d'olives et que deux marchands d'olives

Vocabulaire

1. *Qui devait être plaidée devant lui :* qu'il devait arbitrer.
2. *Commandeur :* chef.
3. *Mande :* demande.

se trouvent à mon audience[1]. » Le calife lui donna cet ordre en continuant sa tournée, qu'il acheva sans rencontrer autre chose qui méritât son attention.

Le lendemain, le grand vizir Giafar vint à la maison où le calife avait été témoin du jeu des enfants [...].

Le grand vizir emmena l'enfant et il le présenta au calife, à l'heure qu'il avait donnée à Ali Cogia et au marchand pour les entendre.

Le calife, qui vit l'enfant un peu interdit[2] et qui voulut le préparer à ce qu'il attendait de lui : « Venez, mon fils, dit-il, approchez. Est-ce vous qui jugiez, hier, l'affaire d'Ali Cogia et du marchand qui lui a volé son or ? Je vous ai vu et je vous ai entendu : je suis bien content de vous. » L'enfant ne se déconcerta pas[3] ; il répondit modestement que c'était lui. « Mon fils, reprit le calife, je veux vous faire voir aujourd'hui le véritable Ali Cogia et le véritable marchand. Venez vous asseoir près de moi. »

Alors le calife prit l'enfant par la main, monta et s'assit sur son trône ; et, quand il l'eut fait asseoir près de lui, il demanda où étaient les parties[4]. On les fit avancer et on les lui nomma, pendant qu'ils se prosternaient[5] et qu'ils frappaient de leur front le tapis qui couvrait le trône. Quand ils se furent relevés, le calife leur dit : « Plaidez[6] chacun votre cause : l'enfant que

Vocabulaire

1. *Audience :* au moment où j'écouterai Ali Cogia et le marchand parler de l'affaire.
2. *Interdit :* stupéfait, pétrifié.
3. *Ne se déconcerta pas :* ne perdit pas ses moyens.
4. *Parties :* adversaires.
5. *Se prosternaient :* se courbaient vers la terre en signe de respect.
6. *Plaidez :* défendez.

voici vous écoutera et vous fera justice ; et, s'il manque en quelque chose, j'y suppléerai[1]. »

Ali Cogia et le marchand parlèrent l'un après l'autre ; et, quand le marchand vint à demander à faire le même serment qu'il avait fait dans son premier jugement, l'enfant dit qu'il n'était pas encore temps, et qu'auparavant il était à propos[2] de voir le vase d'olives. À ces paroles, Ali Cogia présenta le vase, le posa aux pieds du calife et le découvrit. Le calife regarda les olives, et il en prit une, dont il goûta. Le vase fut donné à examiner aux marchands experts qui avaient été appelés ; et leur rapport fut que les olives étaient bonnes et de l'année. L'enfant leur dit qu'Ali Cogia assurait qu'elles y avaient été mises il y avait sept ans ; à quoi ils firent la même réponse que les enfants feints marchands experts, comme nous l'avons vu.

Ici, quoique le marchand accusé vît bien que les deux marchands experts venaient de prononcer sa condamnation, il ne laissa pas[3] néanmoins de vouloir alléguer quelque chose[4] pour se justifier ; mais l'enfant se garda bien l'envoyer pendre ; il regarda le calife : « Commandeur des croyants, dit-il, ceci n'est pas un jeu : c'est à Votre Majesté à condamner à mort sérieusement, et non pas à moi, qui ne le fis hier que pour rire. »

Le calife, instruit pleinement de[5] la mauvaise foi du marchand, l'abandonna aux ministres de la justice pour le faire pendre ; ce qui fut exécuté, après qu'il eut déclaré où il avait

Vocabulaire

1. *J'y suppléerai :* je l'ajouterai.
2. *À propos :* pertinent, intéressant.
3. *Il ne laissa pas […] de vouloir :* il voulut.
4. *Alléguer quelque chose :* donner une raison.
5. *Instruit pleinement de :* sachant de façon certaine.

caché les mille pièces d'or, qui furent rendues à Ali Cogia. Ce monarque[1] enfin, plein de justice et d'équité[2], après avoir averti le cadi qui avait rendu le premier jugement, lequel était présent, d'apprendre d'un enfant à être plus exact dans sa fonction, embrassa l'enfant et le renvoya avec une bourse de cent pièces d'or, qu'il lui fit donner pour marque de sa libéralité[3].

[...]

Mille et une nuits s'étaient écoulées dans ces innocents amusements[4] [...].

Le sultan ne peut s'empêcher d'admirer Shéhérazade.

« Je vois bien, lui dit-il, aimable Shéhérazade, que vous êtes inépuisable dans vos petits contes, il y a assez longtemps que vous m'en divertissez ; vous avez apaisé[5] ma colère ; [...] je veux que vous soyez regardée comme la libératrice de toutes les filles qui devaient être immolées à mon juste ressentiment[6]. »

La princesse se jeta à ses pieds, les embrassa tendrement, en lui donnant toutes les marques de la reconnaissance la plus vive et la plus parfaite. [...]

Vocabulaire

1. *Monarque :* roi.
2. *Équité :* égalité.
3. *Libéralité :* générosité.
4. *Innocents amusements :* histoires divertissantes racontées par Shéhérazade.
5. *Apaisé :* calmé.
6. *Immolées à mon juste ressentiment :* sacrifiées à ma juste vengeance.

Séance 1

Shéhérazade, l'héroïne des contes des *Mille et Une Nuits*

LECTURE

Lecture d'ensemble

1. Lisez la présentation, page 4 : Shéhérazade est-elle l'auteur des contes des *Mille et Une Nuits* ?

2. P. 8 : citez tous les membres de la famille de Shéhérazade. Est-ce une fille pauvre ou riche ?

3. En tenant compte de la présentation, page 4, et de ce que dit Shéhérazade à Dinarzade page 14, lignes 88 à 91, expliquez à quel rythme et à quel moment Shéhérazade divertit le sultan grâce à ses contes.

Lecture linéaire

4. P. 8 : est-ce le sultan qui a choisi d'épouser Shéhérazade ?

5. P. 8 : pour quelles raisons Shéhérazade a-t-elle invité Dinarzade ? Le sultan connaît-il la raison exacte ? Pourquoi ? Quel trait du caractère de la jeune fille cela montre-t-il ?

6. P. 14, l. 86-94 : quelle remarque fait Dinarzade à propos du conte ? Reformulez-la. En quoi cette remarque fait-elle partie du « plan » (p. 8, l. 15) mis au point par les deux sœurs ?

7. P. 8, 14 et 53 : quelles qualités possède selon vous Shéhérazade ? Justifiez votre réponse.

le courage ❑ l'humour ❑
l'honnêteté ❑ le don de bien raconter ❑

8. P. 8 : le sultan Schahriar vous paraît-il juste ou cruel ? Justifiez votre réponse.

9. P. 14, l. 86-94 : quel trait du caractère de Schahriar découvre-t-on ?

10. P. 53, l. 316-320 : est-ce Shéhérazade qui s'interrompt d'elle-même ?

11. P. 53, l. 316-320 : quels effets ont produit les contes sur le sultan ? Notez les mots du texte qui justifient votre réponse et expliquez-les.

12. P. 53, l. 318-319, le sultan dit à Shéhérazade : « Je veux que vous soyez regardée comme la libératrice de toutes les jeunes filles. » Quelle valeur a ici le verbe « vouloir » ? Comment peut-on qualifier le pouvoir du monarque ?

13. P. 53, l. 316-323 : à quelle peine Shéhérazade a-t-elle échappé ? Était-elle la seule à encourir ce sort ? Citez les mots du texte qui justifient votre réponse.

14. Après avoir lu l'encadré *Méthode* de cette séance, dites à quel récit appartient la phrase située page 53, lignes 313-314. Shéhérazade est-elle la narratrice de ce récit ?

Lecture d'image

15. Dans quelle position est représentée Shéhérazade ? Selon vous, pourquoi ?

16. Que vous évoque le tapis sur lequel se tient la conteuse ?

La Princesse Shéhérazade, illustration pour les contes des *Mille et Une Nuits*, Edmund Dulac, 1911.

Étude de la langue

Grammaire

17. P. 14, l. 91 : à quelle classe grammaticale appartiennent les mots « bien davantage » ? Relevez d'autres mots appartenant à cette classe grammaticale, dans les paroles de Shéhérazade, lignes 88 à 91.

HISTOIRE DES ARTS
Le conte et la tradition orale

Le conte est **à l'origine un récit oral**, qui prend sa source dans le **folklore**, qu'il soit européen, asiatique, africain ou oriental. Racontés par **les nourrices, les voyageurs et les marchands**, certains récits, comme ceux qui composent *Les Mille et Une Nuits*, ont été transmis et **enrichis** par plusieurs **cultures** avant d'être consignés dans des manuscrits, après l'époque des grandes découvertes. Ils ont souvent été repris et travaillés par des **hommes de lettres**, à l'image des frères **Grimm**, d'**Hans Christian Andersen** et de **Charles Perrault**, ou des **traducteurs**, comme Antoine Galland. Les contes n'en ont pas moins gardé des **marques de l'oralité**. On y trouve ainsi des **comptines**, des mots **archaïques** ou des répétitions. On se souvient par exemple de l'expression « tire la chevillette et la bobinette cherra » du *Petit Chaperon rouge*, car ses sonorités et ses mots mystérieux ont marqué la mémoire de tous les auditeurs. Les contes des *Mille et Une Nuits* offrent cependant une particularité supplémentaire par rapport aux autres recueils : ils incarnent cette **tradition orale**, très vivante dans la culture orientale, dans un personnage, celui de **l'infatigable conteuse** Shéhérazade, qui de nuit en nuit réjouit et bonifie ceux qui l'écoutent.

Orthographe

18. P. 14 : pourquoi le verbe « raconterai », ligne 90, et le verbe « deviendrait », ligne 92, ne se terminent-ils pas de la même façon ?

Vocabulaire

19. P. 53, l. 317 : quel sens a l'adjectif « petits » ? Est-ce là son sens habituel ?

20. Que signifie l'adjectif « gigogne », que l'on utilise parfois pour décrire la façon dont est construit le livre des contes des *Mille et Une Nuits* ?

EXPRESSION

Expression écrite

21. Dans un discours, le grand vizir annonce au peuple que le sultan renonce à sa vengeance. Il en explique la raison, en vantant le travail et les qualités de Shéhérazade.

Expression orale

22. Comme Shéhérazade, racontez à la classe un conte de votre choix appartenant aux contes des *Mille et Une Nuits*. Notez ensuite de quelle façon vous êtes parvenu à captiver votre auditoire.

PATRIMOINE

23. On dit que Shéhérazade est une « allégorie », c'est-à-dire une figure représentant une notion abstraite, de la culture orientale. Cherchez quelles sont les allégories de la Justice, de la République française et de la Mort. En connaissez-vous d'autres ?

Méthode — *Comment repérer le fonctionnement des récits emboîtés*

Les contes des *Mille et Une Nuits* fonctionnent à la manière de **poupées gigognes**, s'emboîtant les uns dans les autres : le premier récit, appelé le **récit-cadre**, en renferme une multitude d'autres, qui donnent parfois eux-mêmes naissance à d'autres contes. Pour ne pas se perdre dans les différentes narrations, il est nécessaire de :

– repérer les moments où **Shéhérazade** est nommée, et qu'elle parle à Dinarzade ou au sultan : il s'agit là du récit-cadre. Les **retours** au récit-cadre sont parfois très courts, tenant en un paragraphe ou en une phrase (*cf.* p. 40, l. 1-2) ;

– prêter attention à la **structure** des récits que Shéhérazade raconte : elle laisse souvent la parole à un personnage, qui se met à raconter lui-même son histoire. Si elle annonce la présence de **plusieurs personnages**, comme les trois vieillards, on peut s'attendre à ce que chacun d'entre eux prenne la parole.

Séance 2

Histoire du Premier Vieillard et de la Biche

LECTURE

Lecture d'ensemble

1. Dans quel but le vieillard raconte-t-il son histoire ? Quel effet concret ce conte a-t-il ?

Lecture linéaire

2. P. 10, l. 1-3 : à qui parle le vieillard ?

3. P. 10, l. 14-19 : de quelle mission la femme du vieillard doit-elle s'acquitter pendant son absence ?

4. Après avoir lu l'encadré *Notions littéraires* de cette séance, dites comment se nomme la transformation d'un être humain en animal. À quel moment du texte ce terme est-il employé ?

5. P. 11, l. 38-39 : il coule des yeux de la vache « des ruisseaux de larmes ». Est-ce une réaction possible chez un animal ? De quoi cette réaction témoigne-t-elle ?

6. À quels moments du récit le narrateur fait-il preuve de pitié ? Est-ce un défaut ? Justifiez votre réponse.

7. P. 14, l. 86-87 : selon vous, le moment du conte où Shéhérazade s'aperçoit que le jour paraît est-il choisi au hasard ?

8. P. 14, l. 97-103 : le narrateur n'éprouve-t-il que de la pitié pour le veau ? Justifiez votre réponse.

9. Quel est l'objet magique utilisé par la fille du fermier pour que le fils du maître retrouve son apparence ?

10. Après avoir lu l'encadré *Notions littéraires* de la séance 4, dites quels éléments merveilleux interviennent dans ce conte.

11. Dans l'ensemble du récit, quels personnages sont venus en aide au maître ? Quel personnage a voulu au contraire l'empêcher d'accomplir sa volonté ? Après avoir lu l'encadré *Méthode* de cette séance, nommez ces personnages par le nom approprié.

12. Quelle est la morale de ce conte, ou en d'autres termes, que cherche à montrer Shéhérazade au sultan en prêtant sa voix au vieillard ?

Lecture d'image

13. Qui est Mithra ? Dans quel but sacrifie-t-il le taureau ?

Mithra sacrifiant le taureau (Ier-IIe siècle après J.-C.).

Étude de la langue

Grammaire

14. P. 10, l. 14-15 : à quel temps et à quel mode sont les verbes ? Le troisième verbe est-il à la voix active ou à la voix passive ? Justifiez votre réponse.

15. P. 17, l. 161, donnez la classe grammaticale du groupe lexical « cette jeune fille ». Vous noterez ensuite la classe grammaticale de chacun des mots qui le compose.

16. P. 15, l. 123 : comment appelle-t-on l'expression « ô génie », employée par le vieillard ? Quelle utilité a-t-elle dans le récit ?

Orthographe

17. P. 15, l. 114 : pourquoi le terme « contraires » porte-t-il la marque du pluriel ?

18. P. 17, l. 172 : quel homophone du verbe « tâcher » connaissez-vous ? Comment s'écrit-il ? Quel est le sens de ces deux termes ?

Vocabulaire

19. P. 11, l. 38 : que signifie l'adjectif « pitoyable » ? Quels sont ses autres sens ? Donnez au moins trois mots de la même famille.

20. Qu'appelle-t-on les « liens du sang » ? Interviennent-ils dans ce conte ?

EXPRESSION

Expression écrite

21. L'un des membres de votre famille a disparu. Vous vous apercevez, grâce à des indices, qu'il a subi une métamorphose. Vous réussissez à le sortir de ce mauvais pas et vous écoutez ensuite le récit de son aventure.

22. Le génie, après avoir entendu la fin de l'histoire du vieillard, décide de rendre à la biche son apparence initiale en rompant, à l'aide d'un objet magique, le charme dont elle est victime. Rédigez ce nouvel épisode du récit.

Expression orale

23. Lisez à haute voix les pages 14 et 15, des lignes 95 à 122, en ayant soin auparavant de distribuer les rôles de Shéhérazade, du narrateur du récit-cadre, du fermier et de sa fille à quatre de vos camarades. Vous prendrez en charge quant à vous les paroles du maître.

NOTIONS LITTÉRAIRES
La métamorphose

En grec, le préfixe *meta-* exprime le changement, et *morphè* signifie « la forme ». Une métamorphose n'est donc rien moins qu'un changement de forme, fréquent dans les contes. Comme dans l'*Histoire du Premier Vieillard et de la Biche*, où la transformation de l'esclave et de son fils en animaux sont déclenchées par un enchantement, la métamorphose résulte souvent d'une action magique : par exemple, dans *Alice au pays des merveilles* (Classiques&Patrimoine n° 48), l'héroïne grandit ou rétrécit en buvant des potions ou en mangeant des gâteaux enchantés. Dans certains récits cependant, comme *Le Vilain Petit Canard* ou encore *Le Lin,* d'Andersen (Classiques&Patrimoine n° 28), il s'agit soit d'un processus naturel, lorsque l'oisillon disgracieux devient un cygne élégant, soit d'une transformation industrielle, lorsque le sapin devient un tissu.

24. La métamorphose est au centre de *La Belle et la Bête*, un conte de Jeanne-Marie Leprince de Beaumont. Cherchez des informations sur ce conte et son auteur, puis présentez-les à la classe sous forme d'exposé.

PATRIMOINE

25. P. 11, l. 33 : dans la religion musulmane, quel événement suit la fête du Grand Baïram ? Que fait-on lors de ces deux périodes rituelles ?

26. Au CDI, lisez le conte d'Apulée intitulé *L'Âne d'or*. De quelle métamorphose est-il question ?

27. Connaissez-vous des contes, autres que ceux déjà cités, dans lesquels un objet magique sert à jeter un sort ou à briser un enchantement ?

Méthode ***Comment repérer la fonction des personnages***

Le conte est un récit court, où chaque personnage joue un rôle clairement identifié de **sujet**, d'**objet**, d'**opposant**, d'**adjuvant**, de **destinateur** ou de **destinataire**.

→ Pour identifier le **sujet** de l'action, demandez-vous qui est le personnage au centre du récit, désirant obtenir un **objet** particulier. Ici, le sujet est le maître.

→ Pour trouver quel est l'**objet de la quête**, réfléchissez à ce que le sujet cherche à **obtenir**. Ici, le maître veut retrouver son fils.

→ Pour caractériser le rôle des **personnages secondaires**, interrogez-vous sur le sens de leurs actions. S'ils **aident** le personnage principal, ce sont des **adjuvants**. S'ils lui causent des **difficultés**, ce sont des **opposants**.

→ Enfin, pour déterminer qui sont le **destinateur** et le **destinataire**, il faut s'intéresser à l'**origine** de la quête et à celui qu'elle **récompense**. Dans le conte du vieillard, le destinateur est le maître lui-même et les destinataires sont à la fois ce père, qui retrouve le bonheur, et son fils.

Histoire du Petit Bossu

LECTURE

Lecture d'ensemble

1. Qui raconte l'*Histoire du Petit Bossu* ?

2. En tenant compte de l'encadré *Méthode* de la séance 2, dites qui est le sujet de ce conte. Quelle est sa particularité ?

3. Quelles sont les religions du médecin, du pourvoyeur et du marchand ? Qui sont les autres personnages de ce conte ? Leur portrait est-il détaillé ?

4. Quelle image de la justice les personnages ont-ils ? Est-ce à tort ou à raison ?

Lecture linéaire

5. P. 19, l. 1-13 : le tailleur et sa femme sont-ils des personnages négatifs ou positifs ? Relevez les mots et les expressions qui le montrent.

6. P. 19 : quel élément vient perturber la vie du tailleur et de sa femme ? Sont-ils coupables de la mort du bossu ?

7. P. 19, l. 11-20 : qu'est-ce qui déclenche le stratagème que le tailleur et sa femme mettent au point pour éviter d'être accusés ?

8. P. 20-21, l. 38-58 : comment le médecin juif pense-t-il avoir causé la mort du bossu ?

9. P. 23, l. 92-106 : les coups que portent le marchand au bossu sont-ils volontaires ?

10. P. 25, l. 142-154 : pourquoi le garde du quartier prend-il la défense du bossu ?

11. P. 24-26, l. 125-169 : quelles relations entretiennent les chrétiens et les musulmans ? Justifiez votre réponse.

12. P. 24-26 : des trois personnages pensant avoir tué le bossu, lequel vous semble le plus vertueux ? Lequel vous paraît le plus blâmable ? Justifiez votre réponse.

13. P. 26, l. 158-169 : que pensez-vous de la manière dont le sultan rend la justice ?

14. À quel moment du conte la situation semble-t-elle se résoudre ? Lisez l'encadré *Méthode* de cette séance, puis dites à quelle étape du schéma narratif appartient cette partie du conte.

15. P. 26-28 : qu'est-ce qui pousse le pourvoyeur, le tailleur et le médecin à agir ainsi ? De quelle qualité font-ils preuve ?

16. Selon vous, qu'enseigne Shéhérazade au sultan Schahriar grâce à ce conte ?

Lecture d'image

17. Observez ce tableau : est-ce une œuvre orientaliste ? Justifiez votre réponse en vous aidant de l'encadré *Histoire des arts* de cette séance.

18. Selon vous, que font ces femmes ? Pourquoi sont-elles représentées de dos ?

Étude de la langue

Grammaire

19. P. 24, l. 128 : quel est le sujet du verbe « s'avisa » ? Quels sont les compléments circonstanciels de cette phrase ?

Les Juives d'Alger au balcon, Théodore Chassériau, 1849.

HISTOIRE DES ARTS
L'Orient et ses secrets

Depuis les croisades, au Moyen Âge, l'expansion de la chrétienté préoccupe les rois de France, dont les relations avec leur puissant voisin, l'Empire ottoman, sont troubles et marquées par les guerres. En outre, dès le XIIIe siècle, Marco Polo et d'autres marchands parcourent la route de la Soie, qui relie l'Europe à l'Asie, et traverse le Moyen-Orient. Ainsi, parce que c'est un lieu lointain de délices et de secrets, d'abondances et de cruautés, évoqué par les soldats, les explorateurs et les marchands, **l'Orient fascine les sociétés européennes**. À la cour, on rêve d'un merveilleux ailleurs : les paysages exotiques sont à la mode et l'on écoute volontiers la lecture des contes des *Mille et Une Nuits*. Cet attrait pour l'Orient dure dans la peinture et la littérature, pour atteindre son apogée au XIXe siècle. On parle alors d'« **orientalisme** ». Certains artistes en effet, comme Delacroix ou Benjamin-Constant, se rendent dans les pays du Maghreb et les tableaux de scènes orientales représentant des femmes alanguies, des jardins luxuriants ou des intérieurs parés de richesses extraordinaires deviennent incontournables.

Orthographe

20. P. 19, l. 14 : expliquez pourquoi l'adjectif indéfini « tous » s'orthographie avec un *-s* final et non un *-t*.

Vocabulaire

21. P. 28, l. 219 : quelle est l'étymologie du terme « admirer » ? Que signifie-t-il aujourd'hui ? Que signifiait-il au XVIIe siècle, à l'époque du traducteur, Antoine Galland ?

EXPRESSION

Expression écrite

22. La foule, qui assiste à la pendaison, entend chaque homme en cause disculper l'accusé précédent pour s'accuser lui-même. Écrivez une comptine de quatre à six vers, que la foule pourrait scander devant le sultan, pour demander la grâce de ces condamnés.

23. Imaginez que le marchand chrétien, au lieu de « crier au voleur » (p. 25, l. 134-141), tâche lui aussi de camoufler le crime qu'il pense avoir commis. Rédigez cette nouvelle péripétie sur le modèle des précédentes.

Expression orale

24. Résumez oralement le conte, en ayant soin d'annoncer chacune des étapes du schéma narratif.

PATRIMOINE

25. Dans quelle région se déroule le récit ? Où se situe-t-elle sur un planisphère ? Cette dénomination est-elle encore employée de nos jours ?

Méthode *Comment déterminer les étapes du schéma narratif*

Le déroulement du conte est jalonné d'étapes successives qui composent le **schéma narratif** : la situation initiale, l'élément perturbateur, les péripéties, puis l'élément de résolution et la situation finale.

➜ Pour isoler la **situation initiale**, il faut lire le **début** du conte et repérer quels sont les personnages principaux, le lieu et le temps de l'action. Les verbes sont souvent à l'**imparfait**. Ici, le tailleur et sa femme, qui vivent heureux, invitent le bossu à dîner.

➜ Repérer l'**élément perturbateur** est simple : un événement vient **briser l'équilibre** de la situation initiale. Le temps des verbes passe alors au **passé simple**.

➜ Pour délimiter les différentes **péripéties**, il faut noter quelles sont les **épreuves** ou les **grandes actions** accomplies par le sujet. Ici, le corps du bossu est transporté d'abord chez le médecin, puis chez le pourvoyeur et enfin sur le chemin du marchand.

➜ L'**élément de résolution** est facilement identifiable : il suffit de chercher le moment où la dernière péripétie laisse place à l'événement qui apporte une solution au problème posé.

➜ Reconnaître la **situation finale**, enfin, est aisé, car elle se trouve dans les **dernières lignes** du conte et impose le retour à la stabilité.

Second Voyage de Sindbad le Marin

LECTURE

Lecture d'ensemble

1. Qui est le narrateur de ce conte ? À qui parle-t-il ?

2. Combien d'espèces d'oiseaux sont présentes dans le conte ? Sont-ils bienveillants ? Après avoir lu l'encadré *Notions littéraires* de cette séance, dites s'ils sont réels ou merveilleux.

3. Trouvez le qualificatif qui, selon vous, décrit le mieux Sindbad, et justifiez votre choix.

Lecture linéaire

4. P. 30-31, l. 16-27 : l'île sur laquelle accostent les marins est-elle agréable ou hostile ? Citez les mots du texte utilisés pour la décrire.

5. P. 31 : quel élément perturbateur vient troubler l'équilibre de la situation initiale du récit ? Délimitez ces deux parties du schéma narratif, en notant les lignes concernées.

6. P. 32, l. 58-63 : de quelle manière apparaît l'oiseau à Sindbad pour la première fois ?

7. P. 32-33, l. 58-80 : relevez les termes qui décrivent cet oiseau. Vous semble-t-il inoffensif, inquiétant ou dangereux ? Justifiez votre réponse à l'aide de mots du texte.

8. P. 33, l. 81-87 : où l'oiseau dépose-t-il Sindbad ?

9. P. 34-35, l. 88-118 : relevez les mots du texte qui montrent que l'endroit est extraordinaire.

10. P. 35, l. 121 : qui a raconté à Sindbad ce qui se passait dans la « vallée des diamants » ?

11. P. 35, l. 119 : le « conte » qu'il a entendu était-il, comme il le pensait, uniquement fait pour divertir les auditeurs ? Pourquoi ?

12. P. 36-38, l. 147-188 : quel accueil les marchands réservent-ils à Sindbad ?

13. P. 37-38, l. 158-188 : relevez les termes qui expriment la réaction des marchands à propos du récit que fait Sindbad de sa propre aventure. Quelles qualités du conte sont ici mises en valeur ?

NOTIONS LITTÉRAIRES
Le merveilleux

Le conte est un récit où le merveilleux est accepté sans être remis en cause. Génies, oiseaux monstrueux, ogres, métamorphoses, situations impossibles et objets magiques appartiennent au genre. Attention cependant à ne pas confondre merveilleux et univers peuplé de gentilles créatures : le merveilleux du conte rime souvent avec danger et cruauté.

Lecture d'images

14. Gustave Doré est-il contemporain d'Antoine Galland ? Citez quelques œuvres littéraires pour lesquelles ses illustrations sont restées célèbres.

15. Décrivez Sindbad tel qu'il est représenté ici. Est-il conforme à l'image que vous aviez de lui après la lecture du conte ?

16. Les éléments représentés sur la gravure vous semblent-ils tous réalistes ?

Sindbad, « Le porteur salua la compagnie en tremblant », illustration de Gustave Doré.

Couverture de l'ouvrage

17. Lisez le texte figurant sur le petit rabat de la couverture de l'ouvrage et observez l'illustration de la couverture. De quelle région cette illustration provient-elle ?

18. Quel personnage magique y est représenté ? D'où surgit-il ? Qu'est-ce qui le différencie de l'homme assis sur la barque ? Vous semble-t-il amical ou dangereux ? Justifiez votre réponse.

Étude de la langue

Grammaire

19. P. 33, l. 69 : le narrateur souligne que le pied de l'oiseau était « aussi gros qu'un gros tronc d'arbre ». Cette expression est-elle un comparatif d'infériorité, de supériorité ou d'égalité ? Formez d'autres comparatifs évoquant l'oiseau.

Orthographe

20. P. 34, l. 94-96 : remplacez la troisième personne du pluriel (« ils ») employée dans cette phrase par la troisième personne du singulier (« il ») en opérant les modifications qui s'imposent.

Vocabulaire

21. P. 30, l. 9 : quelle est l'étymologie du terme « négocier » ? D'après la note de bas de page, que signifie ce verbe dans le texte ? A-t-il le même sens aujourd'hui ? Trouvez deux mots de la même famille et indiquez leur sens.

EXPRESSION

Expression écrite

22. Après avoir lu l'encadré *Méthode* de cette séance, faites le portrait d'un animal merveilleux de votre choix, en utilisant un vocabulaire imagé, teinté d'exagérations. Vous veillerez à rendre ce portrait clairement péjoratif ou mélioratif.

23. P. 37, l. 155-156 : le marchand mécontent tend un piège à Sindbad. Le marin doit encore faire preuve d'imagination pour se sortir de ce mauvais pas.

Expression orale

24. Au CDI, lisez l'un des autres voyages de Sindbad le Marin, puis racontez-le oralement à la classe.

25. Ali Baba et Aladdin sont deux autres personnages célèbres des contes des *Mille et Une Nuits*. Choisissez l'un ou l'autre, lisez le conte dont il est le héros et racontez-le à la classe.

PATRIMOINE

26. Reliez les personnages ci-dessous à l'œuvre à laquelle ils appartiennent. Parmi ces hommes, lequel est, comme Sindbad, un célèbre marin ? Appartenant à l'Antiquité grecque, il a accompli un périple de dix ans sur les mers, semé d'embûches, avant de rejoindre l'île d'Ithaque.

Ulysse	•	•	*L'Iliade*
Énée	•	•	*L'Odyssée*
Achille	•	•	*L'Énéide*

Méthode — *Comment analyser une description dans un conte*

Dans le conte, les descriptions se déploient souvent en peu de mots dont la valeur est très marquée. Pour les analyser :

➜ repérez le **vocabulaire imagé** : les comparaisons donnent une vision efficace du monde décrit. Le pied de l'oiseau roc par exemple est « aussi gros qu'un gros tronc d'arbre » (l. 69) ;

➜ soyez attentif au **vocabulaire**, parfois teinté de nuances d'**exagération** et de **superlatifs**. Le grand oiseau se pose « avec tant de rapidité » (l. 75-76) que le marin en est choqué. De même, les sifflements des serpents causent à Sindbad, non une simple peur, mais une « frayeur extrême » (l. 106) ;

➜ appliquez-vous à identifier l'**effet produit** par la description, en tâchant de savoir si elle est **méliorative** ou **péjorative**, autrement dit si elle met en valeur les meilleurs ou les pires aspects de l'univers décrit. La première île présente ainsi des « prairies » (l. 19), et des « ruisseaux » (l. 20) qui la rendent agréable. La vallée, en revanche, est cernée de montagnes « escarpées » (l. 83) et envahie de « serpents » (l. 93) : elle est hostile.

Séance 5

Histoire d'Ali Cogia, marchand de Bagdad

LECTURE

Lecture d'ensemble

1. Qui est le narrateur de ce conte ?

2. En vous aidant si nécessaire de l'encadré *Méthode* de la séance 2, déterminez qui est le sujet de ce conte, quel est l'objet de sa quête, quels sont ses adjuvants et qui sont ses opposants.

3. L'image de la justice donnée par l'*Histoire d'Ali Cogia* est-elle la même que celle que laissait apparaître l'*Histoire du Petit Bossu* ?

4. Trouve-t-on des éléments merveilleux dans ce conte ?

Lecture linéaire

5. Délimitez la situation initiale du conte et reformulez-la en une phrase. À quel temps sont les verbes dans cette partie du conte ?

6. P. 40, l. 5-7 : dans la phrase « dans le temps que, libre de ses actions, il vivait content de ce que son négoce lui produisait, il eut, trois jours de suite, un songe [...] », de quel élément du schéma narratif le changement de temps témoigne-t-il ?

7. P. 41-42, l. 44-54 : le narrateur laisse-t-il monter le suspens quant à la fin de l'histoire ?

8. P. 43-44, l. 83-93 : quelle raison avance Ali Cogia au marchand pour expliquer la disparition des pièces d'or ?

9. P. 40-43 : selon vous, Ali Cogia avait-il totalement confiance en son ami le marchand ? Pourquoi ?

10. P. 46, l. 147-160 : les enfants sont-ils troublés par l'arrivée du calife ?

11. P. 48, l. 185 : le « feint cadi » respecte-t-il à la lettre les actions du vrai cadi ?

12. P. 50, l. 235-244 : d'après le calife, de quelle qualité les enfants font-ils preuve durant leur jeu ? Est-ce habituel ?

13. P. 50, l. 245-255 : quel double rôle le calife assigne-t-il à l'enfant ?

14. P. 52, l. 285-303 : qu'est-ce qui montre, lors du procès, que l'enfant, encore plus avisé que l'on ne pouvait le prévoir, a pris toute la mesure des actes qu'il a accomplis ?

15. Pourquoi le sultan Schahriar doit-il s'inspirer de cet enfant ?

16. Selon vous, quelle est la morale de ce conte ? Formulez-la en une courte phrase.

Lecture d'image

17. Quel genre de scène est représenté sur cette amphore ?

18. À quelle époque utilisait-on des « amphores » ? Précisez le sens de ce terme. Pensez-vous que les olives et les pièces d'or d'Ali Cogia aient pu être enfermées dans un récipient de ce type ? Justifiez votre réponse.

Récolte des olives, amphore grecque, 530-510 avant J.-C.

Étude de la langue

Grammaire

19. À quels temps sont les verbes, pages 41-42, des lignes 35 à 48 ? Et des lignes 49 à 63 ? Après avoir lu l'encadré *Méthode* de cette séance, expliquez ce changement.

20. P. 42, l. 61 : le narrateur évoque, lors du retour d'Ali Cogia chez le marchand, les compliments d'usage dans « une semblable rencontre ». Quelle est la classe grammaticale et la fonction du mot « semblable » ?

NOTIONS LITTÉRAIRES

La morale, du conte à la fable

Comme les fables, plus courtes et parfois versifiées, les contes sont des **récits divertissants**, dont le but est d'enseigner quelque chose aux auditeurs ou aux lecteurs. Souvent, leur **enseignement** porte sur la différence entre le bien et le mal et sur ce qu'il convient de faire. En ce sens, ils comportent, généralement au début ou à la fin, une morale, c'est-à-dire une courte phrase qui exprime une vérité. Cependant, comme c'est le cas dans les contes des *Mille et Une Nuits* qui composent ce recueil, cette morale est parfois sous-entendue et c'est alors au lecteur de la déduire de ce qu'il vient de lire.

Orthographe

21. P. 53, l. 307 : pourquoi le terme « mille », utilisé dans l'expression « les mille pièces d'or », ne prend-il pas la marque du pluriel ?

22. P. 46, l. 157 : on trouve deux occurrences du mot « a », l'une avec accent, l'autre sans accent. Expliquez cette différence. Comment appelle-t-on deux mots dont la prononciation est semblable, mais qui n'ont pas le même sens ?

Vocabulaire

23. P. 45, l. 122-125 : qu'est-ce qu'un « serment » ? Pourquoi est-il grave « d'affirmer par serment » un mensonge ?

24. P. 47-49 : dans le jeu des enfants, on trouve un « feint cadi », « un feint Ali Cogia » et un « feint marchand ». Quel est le sens de cet adjectif ? Trouvez deux mots de la même famille. Par quel synonyme pouvez-vous le remplacer ?

EXPRESSION

Expression écrite

25. Réécrivez ce conte sous la forme d'une fable d'une vingtaine de vers, à l'image par exemple de la fable de La Fontaine reproduite page 74. Vous emploierez les temps du passé et vous terminerez par la morale énoncée en réponse à la question 16.

26. Développez l'épisode du conte résumé page 44, lignes 94 à 96, en écrivant le dialogue entre Ali Cogia, le marchand et les autres boutiquiers.

Expression orale

27. P. 46-49 : apprenez les rôles des différents personnages et, à la manière des enfants, jouez l'affaire d'Ali Cogia devant le tribunal du cadi.

28. Au CDI, choisissez une fable de La Fontaine (Classiques&Patrimoine n° 7), apprenez-la et récitez-la devant la classe.

PATRIMOINE

29. Lisez au CDI le conte d'Andersen intitulé *Les Habits neufs de l'empereur* (Classiques&Patrimoine n° 28). Quel rôle y tient l'enfant ? Ce rôle est-il comparable à celui des enfants de l'*Histoire d'Ali Cogia* ?

Méthode — *Comment employer les temps verbaux dans le conte*

Les contes sont très souvent écrits aux temps du **passé**. Voici de quelle manière les utiliser :

➜ employez l'**imparfait** pour les **actions secondaires** et les **descriptions** : il sert à construire l'**arrière-plan** du récit. Les contes débutent ainsi fréquemment par « il était une fois », formule consacrée à l'énoncé de la situation initiale ;

➜ utilisez le **passé simple** pour créer une **rupture** dans le récit à l'imparfait, et exprimer des **actions** qui se suivent **chronologiquement**, comme lors du passage d'Ali Cogia devant le cadi, par exemple : « Le cadi lui demanda s'il avait des témoins. Il répondit que c'était une précaution qu'il n'avait pas prise [...] » (l. 116-117) ;

➜ introduisez si besoin, pour mettre en valeur un épisode du récit, un passage au **présent de narration**, comme c'est le cas aux lignes 191 à 194. Ce temps permet de dramatiser l'énoncé et d'en accélérer le rythme.

TEXTES ET IMAGES DANS LE CONTEXTE

1. Fable

JEAN DE LA FONTAINE (1621-1695),
« La Lice et sa Compagne », *Fables*, Livre II, 1668.

Une Lice étant sur son terme,
Et ne sachant où mettre un fardeau si pressant,
Fait si bien qu'à la fin sa Compagne consent
De lui prêter sa hutte, où la Lice s'enferme.
Au bout de quelque temps sa Compagne revient.
La Lice lui demande encore une quinzaine.
Ses petits ne marchaient, disait-elle, qu'à peine.
Pour faire court, elle l'obtient.
Ce second terme échu, l'autre lui redemande
Sa maison, sa chambre, son lit.
La Lice cette fois montre les dents, et dit :
« Je suis prête à sortir avec toute ma bande,
Si vous pouvez nous mettre hors. »
Ses enfants étaient déjà forts.
Ce qu'on donne aux méchants, toujours on le regrette.
Pour tirer d'eux ce qu'on leur prête,
Il faut que l'on en vienne aux coups ;
Il faut plaider, il faut combattre.
Laissez-leur prendre un pied chez vous,
Ils en auront bientôt pris quatre.

QUESTIONS

1. **Cette fable évoque les actions d'une lice, c'est-à-dire d'une chienne de chasse, ayant besoin d'un endroit pour mettre au monde ses petits. Repérez les différentes étapes du schéma narratif.**

2. **Où se trouve la morale ? Que signifie-t-elle ? Reformulez-la.**

2. Conte

JACOB ET WILHELM GRIMM (XIXe siècle),
« L'Oiseau d'or », *Contes de l'enfance et du foyer*, 1812.
Traduit de l'allemand par Nicolas Martin
et Pitre-Chevalier, 1846.

Un roi lance ses fils à la poursuite d'un oiseau d'or. À la différence de ses aînés, le cadet suit les conseils d'un renard et triomphe, revenant avec l'oiseau, mais également avec la princesse du château où se trouvait l'oiseau d'or. Il refuse cependant de tuer le renard, comme celui-ci le lui demande.

Longtemps après, le prince retourna un jour dans le bois, où il rencontra le renard qui lui dit :
– Tu es maintenant au comble de tes vœux, mais moi, mon malheur n'a point de fin, et pourtant il ne dépend que de toi de m'en délivrer.
Et cette fois encore il le supplia du ton le plus douloureux de lui donner la mort, et de lui couper ensuite la tête et les pattes. Le prince y consentit enfin, et à peine l'eut-il fait, que le renard se changea en un beau jeune homme. Ce jeune homme n'était autre que le frère de la belle princesse, qui venait d'être affranchi de la sorte d'un charme qu'il subissait depuis longtemps ; et désormais, tant qu'ils vécurent, il ne manqua plus rien à leur bonheur.

QUESTIONS

1. **Qui sont les frères Grimm ?**
2. **Quelle métamorphose est évoquée dans ce conte ?**
3. **C'est le cadet qui sort vainqueur de la quête de l'oiseau d'or. Dans quel conte du recueil la solution du problème est-elle apportée par des enfants ?**

3. Tableau

EUGÈNE DELACROIX (1798-1863),
Moulay Abd er-Rahman, sultan du Maroc, sortant de son palais de Meknès, entouré de sa garde et de ses principaux officiers,
1845.

QUESTIONS

1. Dressez une courte biographie d'Eugène Delacroix. Est-ce un peintre impressionniste ou romantique ?
2. Quel personnage est placé au centre du tableau ? Comment se distingue-t-il des autres ?
3. Observez la position de la tête du cheval. Quelle impression donnent la bête et son cavalier ?

LEXIQUE

A

Auteur : créateur de l'œuvre. À distinguer, dans un récit, du narrateur.

Autobiographie : récit énoncé en « je », où l'auteur raconte, rétrospectivement ou non, sa propre vie.

C

Caractérisation : définition des propriétés de l'« objet » d'une description (choses, animaux, paysages) ou du « sujet » d'un portrait (individus).

Champ lexical : ensemble de mots qui se rapporte à un même thème.

Chute : fin particulièrement frappante d'un récit.

Connotation : sens secondaires ajoutés au sens premier d'un mot (voir *dénotation*).

Conte : court récit qui raconte des événements imaginaires.

D

Dénotation : sens littéral d'un mot ; celui qui est donné dans le dictionnaire (voir *connotation*).

Dialogue : conversation, dans un récit, entre deux ou plusieurs personnages.

Discours rapporté : paroles ou pensées des personnages rapportées par le narrateur.

E

Ellipse : rupture, saut dans le temps de l'histoire.

Énonciation (marques d') : dans l'énoncé, marques (pronoms personnels, déterminants possessifs, temps verbaux...) de l'énonciateur qui s'adresse à un destinataire.

Excipit : dernières phrases d'un récit.

F

Fantastique (récit) : catégorie de récit qui raconte une histoire apparemment réaliste, mais où interviennent des éléments surnaturels. Suscite chez le lecteur un sentiment de doute sur la véracité ou l'invraisemblance de l'histoire.

Fiction : histoire imaginaire. S'oppose à une histoire « vraie », « réelle ».

Focalisation externe : point de vue du narrateur qui rapporte objectivement ce qu'il « voit » au fur et à mesure que se déroulent les événements de l'histoire.

Focalisation interne : point de vue du narrateur ou d'un personnage qui raconte, à la première personne, et subjectivement, l'histoire à laquelle il assiste ou participe.

Focalisation omnisciente : point de vue du narrateur qui « sait tout et voit tout ». Il connaît le début et la fin de l'histoire au moment où il raconte, il connaît les pensées intimes des personnages, etc.

H

Héros : sujet ou personnage principal qui, par ses actions, est le « moteur » de l'intrigue.

I

Incipit : premières phrases ou ouverture du récit qui permet au lecteur de construire des horizons d'attente et des hypothèses de lecture sur la suite de l'histoire.

Intrigue : enchaînement des faits et des actions qui forment la trame d'un récit.

M

Merveilleux (conte) : catégorie de récit qui raconte une histoire avec des personnages stéréotypés, à une époque et dans des lieux irréels et conventionnels. L'intrigue est souvent construite sur une quête et la fin en est heureuse.

Métaphore : image poétique fondée sur des ressemblances entre un comparé et un comparant.

Monologue intérieur : discours rapporté d'un personnage qui, dans un récit, se parle à lui-même.

N

Narrateur : « voix » qui raconte l'histoire. Il peut être un témoin ou un personnage qui s'exprime en « je ». Il peut être aussi une voix « effacée ». L'histoire est alors racontée à la troisième personne.

Nouvelle : court récit de fiction.

R

Réalisme : registre narratif d'une histoire qui crée une « illusion » de réel, qui paraît vraisemblable mais qui n'est pas vraie.

S

Schéma actantiel : représentation des rapports « de force » entre les personnages qui peuvent assurer le rôle de sujet (ou héros), d'allié, d'opposant...

Schéma narratif : structure de l'histoire. Souvent décomposé en cinq parties : état initial, complication, actions et péripéties, résolution, état final.

V

Vraisemblable : possible, crédible. À différencier du « vrai ».

Conception graphique : Muriel Ouziane et Yannick Le Bourg
Édition : Anne-Sophie Darlet
Illustrations des frises : Benjamin Strickler
Réalisation : Nord Compo, Villeneuve-d'Ascq
Crédits iconographiques : Couverture : © De Agostini/Leemage – Cadre (couverture) : © Shutterstock.com – p. 5 : © Mathieu Ravaux/RMN-Grand Palais – p. 55 : © Fototeca/Leemage – p. 59 : © Jean-Pol Grandmont – p. 63 : © Daniel Arnaudet/RMN-Grand Palais – p. 67 : © Gusman/Leemage – p. 71 : © Aisa/Leemage.

www.classiquesetpatrimoine.magnard.fr

Achevé d'imprimer en Octobre 2022 en Italie par Rotolito S.p.A.
Dépôt légal : Juin 2014 – N éditeur : MAGSI20220695